A Parent's Guide to

Gifted Children

A Resource for Caregivers
and Advocates

（Second Edition）

超常儿童

家长和教育工作者的宝典 家长手册

（第二版）

[美] 爱德华·R.阿门德（Edward R.Amend）

[美] 艾米丽·基彻-莫里斯（Emily Kircher-Morris）

[美] 珍妮特·戈尔（Janet Gore）

———————————— 著

张歆彤 ———————— 译

山西出版传媒集团　山西人民出版社

目 录

1

向先驱者们致敬

每年都会出版很多书。有些令人难忘，有些则不然。20世纪80年代初，一本书的出版改变了人们对超常儿童的看法，这本书就是《超常儿童指南》(*Guiding the Gifted Child*)，作者是伊丽莎白（贝蒂）·梅克斯特罗思［Elizabeth（Betty）Meckstroth］、斯蒂芬妮·托兰（Stephanie Tolan）和詹姆斯（吉姆）·韦伯［James（Jim）Webb］博士。这本书强调了超常儿童的家长对于孩子的关注。更重要的是，它让家长和老师们更加了解超常儿童，并提供了方法，帮助超常儿童健康成长、全面发展。

1990年秋天，在莱特州立大学（Wright State University）专业心理学院（School of Professional Psychology），我第一次见到了吉姆·韦伯。后来，他成了我的良师益友，我在很多地方都写过这一点。几年后，通过一些超常儿童的活动，比如超常儿童情感支持联络会（Supporting Emotional Needs of the Gifted，SENG）和全国超常儿童协会（National Association for Gifted Children，NAGC）举办的会议，我认识了贝蒂和斯蒂芬妮。虽然那时我对她们的了解远不如我对吉姆的了解，但我一直很钦佩她们，佩服她们所做的工作，欣赏她们在超常儿童领域的投入与付出。这三位作者选择了不同的道路来为超常儿童服务，每个人都做得很出色。他们直接影响了我的事业和生活。

《超常儿童指南》让人们看到了超常儿童的社交需求和情感需求，从那以后，情况发生了很大的变化。很多人开展了研究或出版相关书籍，有关超常儿童的知识库不断扩大，人们对超常儿童的认识不断加深，并为他们创造了更好的环境。为超常儿童教育和心理研究领域的发展做出贡献的研究人员人数众多，无法一一列举。在此，我只列举几位，他们对我、我的思想、我的工作产生了直接而深远的影响。他们是吉姆·迪莱尔（Jim Delisle）、西尔维娅·里姆（Sylvia Rimm）、乔治·贝茨（George Betts）、朱莉娅·罗伯茨（Julia Roberts）、乔伊·劳森·戴维斯（Joy Lawson Davis）、托马斯·赫伯特（Thomas Hebert）、特蕾西·克罗斯（Tracy Cross）、莫林·内哈特（Maureen Neihart）和莎伦·林德（Sharon Lind）。他们中的每一位都在超常儿童领域留下了印记，影响着我，我为此向他们表示感谢。

20年前，吉姆邀请我与他合著一本关于超常儿童误诊的书，我急切地答应了。2005年，我们和其他4位学者合著了《超常儿童和成人的误诊和双重诊断》（*Misdiagnosis and Dual Diagnoses of Gifted Children and Adults*）。后来，吉姆和他的妻子珍妮特·戈尔（Janet Gore）、阿琳·德弗里斯（Arlene DeVries）和我着手为家长和教育工作者们写一本资料大全。2007年，我们出版了《超常儿童家长手册》（*A Parent's Guide to Gifted Children*）。15年后的今天，是时候对这本书进行修订了。然而，遗憾的是，吉姆于2018年去世了，因此，无法参与第二版的修订工作，但我知道他的精神与我们同在。我听到他在我耳边说："这个想法怎么样？别忘了那个！那部分不能删掉！"我总因为这些话笑出声来。

我的朋友阿琳·德弗里斯一生中的大部分时间都致力于超常儿童的教育，她正在享受退休生活，决定不参与本次修订。她在第一版中提供了很多知识和见解，在《超常儿童情感支持联络会模范父母小组手册》（*SENG Model Parent Group manual*）的编写中也做出了很大的贡献。多年来，她在世界各地演讲，在学校里工作，对超常儿童和他们的家庭产生了巨大的影响。

2023年，我与艾米丽·基彻－莫里斯（Emily Kircher-Morris）、珍妮特·戈尔合作修订了这本书。艾米丽·基彻－莫里斯是一位受人尊敬的临床医生，也是演讲者、作家，珍妮特·戈尔是第一版的合著者，她与吉姆一起构想了这本书最初的版本，搭建了大部分框架。我们努力追随前人的脚步，为那些关心和支持超常儿童的人们提供最新的信息，为他们的旅程提供支持。

爱德华·R.阿门德，心理学博士

Edward R. Amend, Psy.D.

序　言

在过去的几十年里，我组织了无数次超常儿童情感支持联络会的模范父母小组讨论，我发现超常儿童的父母迫切地希望与其他超常儿童的父母和老师见面，向他们学习。尽管所有父母都想给孩子做最好的打算，但超常儿童的父母经常怀疑那些典型的做法是否适用于他们的孩子。因为聪明的孩子处理信息的方式与别人不同，常用的育儿建议对他们来说，往往是无效的。同时，现代社会节奏快、情况复杂，要求家长使用新的方法养育这些孩子。与传统的双亲家庭不同，现在的学生可能成长在单亲家庭或重组家庭中，与继父母或同性父母一起生活。兄弟姐妹的竞争问题在家庭中依然存在，特别是那些有情感强烈的超常儿童存在的家庭，更是如此。学校里的学生更加多元，教学方法也在不断变化。在这个技术饱和的时代，想要跟上时代的步伐并不容易，有效的沟通也是一项挑战。

本版作者，在超常儿童和双重特殊儿童（twice-exceptional children，那些集高智商和某方面障碍于一身的儿童，比如身体障碍、精神障碍或情感障碍）领域具有丰富的经验，他们为家长们提供指导，帮助家长们应对在当今复杂的环境中，与支持超常儿童有关的挑战。他们确保在养育超常儿童的过程中，孩子的天赋不会被埋没，同时更直接地关注个体独特的需求。

他们发现了我在小组里见过无数次的现象——学习能力强的人在缺乏挑战时，会感到失望或沮丧。超常儿童的发育不平衡、不同步，因此很难了解自己。他们的理想主义使他们追求完美，为自己、他人和社会设定不可能完成的高目标，然后因为无法实现目标而认为自己是失败者。他们面临着社交困境：找不到同伴，无法适应环境。

超常儿童给父母和老师带来了数不清的挑战。关心超常儿童的人，一定要读一读这本《超常儿童家长手册：家长和教育工作者的宝典》。在这本书中，读者会找到与超常儿童沟通的方式、激励和惩罚他们的措施、培养健康完美主义的途径，以及帮助超常儿童追求理想，同时保持自我的方法。

学校教育只是孩子教育的一个方面。教育需要一个"社群"，包括家长、亲戚、老师、邻居、社区组织、专业人士，以及其他超常儿童的家长。这本书将引导你走出问题的迷宫。

阿琳·R.德弗里斯，*教育理学硕士*

Arlene R. DeVries, M.S.E.

一位家长

本书第一版的合著者

退休的超常儿童教育家

前　言

养育超常儿童就像生活在充满惊险刺激的主题公园里。有时你会微笑，有时会感觉喘不上气来，有时会尖叫，有时会大笑，有时你惊叹地注视，有时呆呆地僵在座位上，有时感到骄傲。有时候这趟旅程太让人头疼了，你束手无策，只能大哭。[1]

——卡罗尔·史地鄱（Carol Strip）、
格雷琴·赫希（Gretchen Hirsch）

成为超常儿童的父母，其生活通常伴随着欢乐和笑声。这些孩子令人兴奋、激动，看着他们做出让你屏气凝神的事情，你会感到真正的快乐。然而，在我们的社会中，许多父母也会对此感到不安，他们甚至会担心自己的孩子太过聪明，学得太快，太有天赋。他们感到矛盾，一方面，他们为自己的孩子思维敏捷而感到自豪；另一方面，他们因感受到自己肩负着新的、不同的责任而担忧。他们担心自己的抚养方式，是否能让孩子的能力得到最大的发展。他们感到压力很大，担心自己会搞砸，因为养育超常儿童的过程比看起来的要复杂得多。天赋会给孩子和他们的父母带来挑战，为日常生活带来挑战。

父母之所以会不确定和有矛盾心理，往往是因为不了解"天赋"意味着什么。他们可能会错误地认为超常儿童就是天才、神童，他们能做好所有事情，可能在所有领域都比别人聪明得多。如果他们的孩子只是在某一个或者某两个领域内非常超前，他们可能不会认为孩子是有天赋的。天赋指的不仅仅是一般智力（general intellectual ability），还包括特定的学术能力（specific academic aptitude）、视觉能力或表演技巧（visual or performing arts skills）、领导力（leadership）、创造力（creativity）和职业或技术能力（vocational or technical ability）。然而，个体不需要由具有天赋的领域所定义，超常儿童有权在独特才能之外，拥有自己的身份。[2]

超常儿童和其他孩子一样吗？在很多方面是一样的。他们和所有的孩子一样，需要朋友，喜欢玩耍，爱他们的家人，喜欢学习新技能。但显然，有些孩子在学习新知识时，掌握得更快。在学校里，大多数孩子需要相当数量的重复和练习才能学会一项新技能。而超常儿童不用学习就能掌握，或者不需要反复练习就能掌握，他们会感到非常沮丧，有时会讨厌甚至厌恶学校，因为这里学不到什么新鲜的、有趣的东西。

所有孩子都需要大人的引导和鼓励来发展自己的潜力。运动能力强的孩子通过加入运动队或俱乐部，跟随教练的指导来培养这种能力；同样地，我们鼓励有音乐才能的孩子学习音乐课程、加入乐队或管弦乐团。对于有很强的学术能力、创造力和智力潜力的孩子也是如此。他们也需要发展自己才能的机会。

事实上，超常儿童的教育需求直接源于他们的优势。正是因为这些孩子有很强的学习能力，他们才需要专门的学习机会。他们是特殊的孩子，所以需要特殊的教育；这个道理和有学习困难的孩子是特殊的孩子，需要特殊的教育和关注一样。当然，有些超常儿童，我们称他们为双重特殊儿童，他们也有学习困难，需要专门的教育，在发挥长处的同时弥补不足。我们认为家长和教育工作者需要根据孩子们的准备程度调整课程，使课程进度与孩子们发育的进展相匹配，而不是"原地踏步"。这一点很重要。超常儿童需要学术指导和支持，以确保在持续地学习。不幸的是，人们对超常儿童和超常儿童教育的矛盾情绪愈演愈烈，在某些情况下，对超常儿童的敌意也越来越大，导致超常儿童的教育需求得不到满足。

除了学业上的调整，超常儿童在社交和情感方面也需要支持。他们想要交朋友，想要得到他人的接纳，然而，他们与别人的差异可能会导致人际交往困难，他们可能很难交到朋友。他们可能对反应慢的孩子感到不耐烦；也可能被这些孩子排斥，因为他们想进行一些更复杂的活动，而其他人一点也不感兴趣。很多有天赋的人都是内向的，对他们来说，建立社交关系更加复杂，这让他们感到孤独，感觉自己被孤立了。[3]

　　家长和老师们可以帮助超常儿童处理这些每天都会经历的情绪波动。他们可以帮助孩子理解差异，看到人与人之间的差异是如何使这个世界变得更加丰富的，因为与众不同、独一无二，又想要加入同龄人的团体，融入社会，可能是一项艰巨的任务。

　　超常儿童体验世界的视角与大多数同龄人完全不同。天赋是他们生命中不可分割的一部分，影响着他们的所思、所感、所言、所行。天赋是决定他们是谁的关键，不能将其与他们分开。不能忽视，也不能低估天赋的作用；超常儿童是完全不同的群体。他们比其他孩子更早地到达发展的里程碑——有时要早得多——并且比其他孩子更强烈。他们比其他孩子处理抽象概念的时间要早，[4]对刺激的反应也更敏感。[5]

　　要想帮助并支持超常儿童，首先，我们必须认识到他们与其他孩子不同。其次，我们必须了解他们在什么地方与别人不同，因为每个超常儿童特殊的部分都不相同。作为他们生活中重要的、能够影响他们的成年人，我们要引导他们——不仅仅是在学业上，也在社交、人际交往、自我发展的技能上。最后，我们必须帮助超常儿童理解他们的神经多样性（neurodivergence）——他们怎么与众不同，为什么与别人不同——以及当他们在世界上闯荡时，这些差异会带来什么。我们必须这样来帮助超常儿童在世界中找到他们的位置，因为这个世界并不总是承认或欣赏他们的才华。

　　对超常儿童来说，在适应这个世界和走自己的路之间找到平衡是一项重要的任务。每个人的平衡点都不相同。走每一条路都有一定的困难和代价。了解这些代价非常重要，它帮助超常儿童理解自我，并最终实现自我。我们希望这本书能帮助你从各个方面理解、支持你的孩子——不论是在学业上、社交上，还是情感上。

　　没有比为人父母更困难的工作。
　　也没有比为人父母更重要的工作了！[6]

引　言

超常儿童在大多数方面都和其他孩子一样。他们需要接纳、指导、支持、尊重、爱、保护，以及满足内在需求的成长机会……他们需要在教育环境中成长，这会让他们了解世界，并给予他们工具去改变世界。[1]

——安玛丽·鲁普（Annemarie Roeper）

父母的重要性

凯瑟琳·海顿（Kathryn Haydon）在观察了数百个家庭后发现了这样一个普遍的规律："父母是自己孩子的专家。"[2]父母在养育孩子的过程中起着至关重要的作用，特别是在超常儿童的早期教育中。他们可以帮助孩子找到家庭成员之间的共同之处，这些家庭成员有着相似的能力、关心的问题和看待世界的方式。父母在培养超常儿童感谢身边人和事物的能力的同时，还将帮助他们找到自己在这个世界中的位置。也许最重要的是，父母可以让他们的家成为一个有趣的、安全的避风港，超常儿童知道这里一直有人爱着他们，理解他们的困境，引导他们凭借自己特殊的才能，享受生活，体验人生。

通过探索、创造和合作来点燃学习的热情，这件事做得越早越好。[3]当超常儿童感受到自己与周围的环境格格不入时，坚实的家庭基础对他们来说至关重要。家可以是一个避风港——一个充电的地方——大人帮助孩子梳理、理解外面世界中许多令人费解的行为。当家成了避难所，当一两个大人，比如老师、邻居或其他人能够在情感上支持超常儿童的自我概念（self-concept）*时，尽管这些孩子有时

---

* 自我概念指一个人对自身存在的体验。——译者注

会遇到困难甚至是创伤性事件，他们也能挺过来，甚至能够茁壮成长。家庭的支持和鼓励不仅是在引导超常儿童，也是在示范内心的力量（inner strength）。

我们认为，从超常儿童的长远发展来看，家长的作用尤为重要。学校教育中有所欠缺的地方，父母可以补充，可以与学校协商，确保学校的教育计划中有与孩子的兴趣、能力和学习动机相匹配的内容。好的家长——那些理解、培养、引导并支持他们的高潜力孩子的家长，能够忍受孩子在一年甚至更长的时间里，在学校表现平平，甚至表现不佳。

养育超常儿童是孤独的

超常儿童的父母经常在孩子正式入学之前很久就注意到了他们不同寻常的行为和能力。他们可能会注意到孩子的强度、敏感、完美主义，他们想知道这是不是超常儿童的典型表现。这些父母知道他们的孩子与其他孩子不同，但他们可能很难从他人处得到支持。

其他孩子的父母可能对此无动于衷，认为人们夸大了超常儿童的成就。他们可能会想，是这些超常儿童的父母给孩子施加压力，让他们获得成功。他们可能会嫉妒或怨恨超常儿童的成就，或者担心自己的孩子不能那么快到达人生的里程碑。超常儿童的父母可能不愿意与其他父母讨论育儿的困难，除非他们的孩子也是超常儿童。

儿科医生和其他专业医护人员往往也无法提供支持，因为他们很少进行与超常儿童的需求有关的培训。父母可能会在网上找到一些有用的信息，但即便是这些信息，也可能是相互矛盾的，甚至更糟，是有问题的。

父母当然欣赏，甚至享受天赋给他们的孩子以及他们的家庭所带来的成功，但他们仍然担心自己的孩子会受到更多的审视，担心他们因为自己的能力感觉"与别人不同"或"不合群"。他们还担心自己的孩子极度敏感、感受强烈、理想主义、在意公平的特质可能会给孩子未来的生活带来困难。

关于超常儿童的误解

为什么对超常儿童的了解如此匮乏？很多关于超常儿童的误解源于缺少相关

的信息和支持。教育工作者对超常儿童的一个常见的误解是，超常儿童不需要任何特殊的帮助——他们那么聪明，当然可以独立发展出自己的能力。还有一个误解是，超常儿童是那些在学术上，或在某个特定的领域中表现优异的孩子，他们并没有考虑到那些有天赋但目前表现不佳的孩子。

超常儿童的类型有很多种，他们的天赋也有不同的级别。有些人在很多领域都很优秀；有些人只在一两个领域里表现亮眼。有些超常儿童还有某种类型的神经多样性，比如注意缺陷多动障碍（attention deficit hyperactive disorder，ADHD）*、自闭症（autism）或阅读障碍（dyslexia）。还有一些人取得了传统意义上的成功，但不知为何，终其一生都觉得自己与世界格格不入。有些人可能严重抑郁。以下列举了一些常见的对天赋的误解：

- 不管怎样，超常儿童都会成功。
- 超常儿童喜欢学校，并且成绩很好。
- 超常儿童可以做好所有事情。
- 超常儿童很难融入学校的社交环境。
- 超常儿童往往比同龄的孩子更成熟。
- 超常儿童总是彬彬有礼，遵守规则。
- 超常儿童天生的好奇心使他们能够自我引导。
- 超常儿童很少有学习上的问题。

我们需要讨论这些误解，因为它们让超常儿童的生活变得更复杂。这些普遍存在的误解和关于超常儿童信息的匮乏，是超常儿童的需求在学校和社会中得不到重视的主要原因。这些负面信息让超常儿童更难接受自己。帮助家长走出这些误区，能够帮助超常儿童相信，他们不同并不意味着他们有"问题"。

---

* 注意缺陷多动障碍又称多动症。——编者注

超常儿童面临的挑战

拥有高智力潜能的孩子与其他孩子相比，具有一定的优势。例如，高智商往往能够促进心理弹性（resilience），提高应对能力。然而，一些智力超群的孩子却表现不佳。他们追求完美、拖延，而且承受着很大的压力。他们通常在情感上比同龄人更敏感。他们中的很多人经受着与同龄人和兄弟姐妹相处的挑战。某些类型的抑郁症可能在超常人士中更常见，一些专家认为超常人士自杀的风险更高，尽管这点还未在研究中得到证实。从事超常儿童和双重特殊儿童工作的临床医生发现，现有的研究中，关于超常儿童心理健康挑战方面的文献很少。毫无疑问，超常儿童的天赋不仅在他们如何经历心理健康挑战方面发挥了作用，也决定了他们需要什么样的支持。

对于一些智力水平较高的孩子来说，学习如何保持耐心是一项重要又艰难的任务。他们在等待别人理解对他们来说显而易见的事情时感到沮丧。同时，他们对自己往往也没有耐心。他们给自己设定很高的标准，表现出完美主义的倾向，如果没有达到自己的期望，他们会变得非常失望、紧张和不安。

家长和教育工作者同样面临着挑战。他们要帮助孩子明白，他的价值不仅仅在于他取得了什么成就，还在于他本身就是一个有价值的人。在帮助超常儿童理解他们的不同之处时，我们提倡宽容、理解、共情和尊重差异。天赋并不意味着这些孩子"比别人好"，但可以解释为什么他们比别人"学得更快"或者"在某些事情上做得更好"。这些区别可以帮助超常儿童理解并接受他人，而不是带着优越感，用否定的视角，居高临下地看待别人。

我们希望超常儿童感觉自己受到了重视，同时希望他们能够理解，尽管他们与别人不同，但他们在这个世界上仍占有一席之地，而且在很多方面与他人相同。他们确实在某个或某几个方面不同于其他孩子，但他们在很多方面与别的孩子是相似的。因为超常儿童会更敏锐地感受到这些差异，他们可能比其他孩子更强烈地想要和需要归属感、尊重感和满足感。他们也因此有很大的压力，想要归属于某个群体。父母可以帮助他们慢慢找到适合自己的方式，在保持自我和融入群体间获得平衡。

实用的建议

我们写这本书的目的，是通过分享我们多年来所了解到的信息，帮助超常儿童和超常的青少年绽放，而不仅仅是生存。我们所写的大部分内容，都是基于我们这几十年来与家长们、老师们和超常的孩子们一起工作的经历。另外，我们也加入了一些其他家长的建议和现有的研究成果。

经验告诉我们，超常儿童的父母通常和他们的孩子一样，有强烈的感受，有时也一样没有耐心。有些家长想要立刻读完整本书，尝试使用所有的育儿建议。不管你是一口气读完这本书的，还是一章一章分着读完的，都不要想着一次就能接受所有内容！给自己一些时间来思考这些想法和概念，然后再去应用。学习一个新的方法，使用它，成功之后再继续学习下一个。在家中尝试新事物时，需要一段时间，你才能看到结果，可能是几天，有时是几个星期。你需要实践，也需要时间思考是否需要对现在的策略进行改进。

我们的一些建议很简单，也很好用，适合很多孩子，是通用的育儿方法。不管你的孩子是不是超常儿童，良好的教育都很重要。还有一些建议侧重于超常儿童身上一些常见的性格特征和行为。这些建议会帮助你鼓励孩子能力的发展，而不是扼杀它。

这本书为父母、老师和其他与超常儿童有交集的人提供了一个框架，帮助他们更好地理解这些孩子的情感和人际需求。我们的书强调家人以及家庭内部的关系。请记住，我们所说的关于超常儿童的大部分内容同样适用于超常的成年人。"苹果落在离树不远的地方"，许多读这本书的人都曾是超常儿童，他们也曾遇到我们在接下来的章节中将要描述的问题。你可能会发现自己这样想："真希望在我小时候有人能这样做（或意识到这一点）！"好消息是，自我觉察和领悟永远不晚。当你发现你所面临的一些困境与天赋有关时，你会感到轻松。

我们希望提供实用的建议和指导，而不是理论。我们希望帮助你培养亲子关系，帮助超常儿童在努力绽放的过程中理解自己、理解他人、感到满足。我们希望这些方法在培养孩子的智力、学术、艺术、领导能力的同时，能够让孩子获得关爱，变得勇敢、有创造力。

第一章
天赋的定义及其特征

10岁的伊桑感到心满意足，因为他解决了看似无穷无尽的数学难题中的又一道。他喜欢这样，用做题的方式挑战自己和其他人。6岁的布兰登花了几个小时，建造了一个虚构的毛绒玩具的世界，这个世界中还有政党和商业。当被问到火车和飞机有什么相似之处时，6岁的罗莎说："它们都是公共交通工具。"9岁的沙米卡被音乐迷住了，她轻轻地哼着复杂的旋律。4岁的桑杰使劲地揉着手里的材料，他想要构建从心灵之眼中看到的复杂设计，他还知道美国各州及其首府。5岁的拉蒙特坚称自己不识字："我只是知道这些字母能拼出什么单词！"两岁的米卡能分辨灰色和黑色，会唱字母歌，能认出字母表中的大部分字母。15岁的罗兰多已经掌握了他所在的乡村高中将要教授的所有数学知识，他想知道自己明年学什么。他11岁的妹妹正全神贯注地和小伙伴们讨论，如果一个人杀了人，他是个杀人犯，但当军队将军下令轰炸并成功杀死敌人时，他却是个英雄。

不同于其他孩子，这些孩子的思维方式和行为方式都比同龄人超前。我们称这些孩子为"有天赋的""有才华的""有创造力的"——这些都不准确。没有人否认这样的孩子存在，但是很多人认为真正的超常儿童是非常罕见的。实际上，超常儿童比大多数人以为的要普遍得多。几乎每个学校和社区都有。人们可能不知道身边有超常儿童，但超常儿童就在那里。

为什么人们不知道？教育工作者并不总是知道如何识别这样的孩子。他们在很多事情上有分歧：怎么识别他们最好，怎么称呼他们（"有天赋的""有才华的""能力强的""神童"等），这些孩子和普通孩子有多大程度的不同，学校需要提供怎样特殊的服务，需要怎样调整来满足他们的教育需求和其他需求。

到底什么是天赋？

超常儿童的定义是什么？有哪些不同的天赋？超常儿童在各个方面都有很高的能力吗？学校怎么发现超常儿童？所有的超常儿童都有创造力吗？一个孩子，可能既是超常儿童，也有注意缺陷多动障碍、自闭症和阅读困难吗？对刚刚知道超常儿童概念的家长来说，这些问题都很重要。

美国每个州对于超常儿童的鉴别都有不同的定义和标准。大多数定义都是为了发现排名前3%—5%的孩子，这个排名源自1972年马里兰州教育部的报告。报告中的定义有时被称为"联邦定义"，它列出了几个个体可能有天赋的领域。定义如下：

超常儿童是指那些被专业人士认定为有出众能力的人，他们有着突出的表现。为了实现自己的价值，对社会做出贡献，这些孩子需要差异化的教育和服务，而不仅仅是学校提供的常规内容。表现优异的儿童包括在某些领域已经取得成就和／或有潜在能力的儿童，这些领域包括：一般智力、特定的学术能力、创造力或创造性思维、领导力、视觉能力、表演技巧和心理运动能力*。

全国超常儿童协会给出了最新的定义，明确了超常儿童的不同需求。

与其他年纪相仿、有着相同经历、处在相同环境的孩子相比，超常儿童能够或者有能力在某一个或某些领域内表现得更好。需要对他们因材施教，来发掘他们的潜力。超常儿童：

- 来自所有种族、民族、文化、经济阶层。
- 需要大量、合适的学习机会来发掘他们的潜力。
- 可能有学习障碍和感觉处理障碍，需要特殊的干预和调整。

---

* 心理运动能力指个体意识对躯体精细动作和动作协调的支配能力。——译者注

- 需要支持和引导来发展社交和情感。同时，在他们擅长的领域中，超常儿童同样需要支持和引导。

- 随着成长，他们的需求不断变化，因此需要不同的教育。[1]

马里兰州的定义包含了很多能力，远不仅仅是学术智力那么简单。它指出，一个孩子可能在它所列出的一个或多个领域有天赋。尽管如此，几乎所有学校都只关注前两类能力，也就是智力和特定的学术能力，"天赋"通常都与智力测试结果、考试成绩、在学校里的表现直接挂钩。

先天与后天

父母们常常不清楚他们的孩子是天赋异禀，还是其能力是父母养育的结果。一些从20世纪60年代持续至今的研究，对同卵双胞胎进行了比较。这些双胞胎在婴儿期就被分开，在完全不同的环境中长大。这些研究发现了智力的高度相似性——至少从智商上衡量——证实遗传因素在智力方面有着强有力的作用。尽管在他们年轻时，环境有着更为直接的影响，但等他们到了中年[*]，其智力相似性中的80%由遗传因素决定。[2]一些双胞胎研究还表明，性格特征和气质也受遗传因素的影响，遗传因素还可能影响人的动机和驱动力，这些常常与高智商有关。[3]某些情况下，双胞胎居住的地方离得很远，彼此也不认识，却选择了相同的职业，甚至是相同类型的伴侣。

环境也起着重要的作用。和其他孩子一样，超常儿童会在能够理解和满足他们需求的支持性环境中茁壮成长，反之则不然。社会经济因素影响天赋的发展，这可能与家长能够提供的机会有关。例如，工人阶级的孩子被中产阶级家庭收养后，智商增加了12到18分不等。社会对性别的期望也会影响智力的表达。此外，压力和创伤对智商的得分有负面影响。[4]

---

[*] 原文是by the time they reached adulthood，即成年前，但被试者的年龄在51—59岁。参考文献：Genetic and environmental influences on general cognitive ability: Is *g* a valid latent construct?——译者注

天赋的测量

上述定义指出超常儿童包括那些已经表现出潜力的孩子，这很可能使一些学习成绩不佳的孩子或者弱势的青少年因为没有表现出天赋，而被迫失去了所需要的帮助。因此，超常儿童应不仅仅局限于那些已经取得了惊人成就的孩子，也包括那些经过合适的训练，被给予适当的机会后，能够有高水平表现的孩子。随着逐渐发育、成熟，某些人的天赋可能会表现得更加明显，如果有更多的机会培养天赋，他们的天赋也会更加清晰地显露出来。例如，一个3岁的孩子说她能阅读，但幼儿园老师告诉她："傻孩子，3岁的小孩看不懂字！"这样，她可能永远没有机会展示自己的天赋。

无论是通过智力测试、学习成绩还是用其他方法测量天赋，这些技术和工具都不是完全完整、准确的。智力和天赋并不是简单的概念，可以给它们下精确的定义，随着我们对它们的了解越来越多，它们的含义也在不断演变。在20世纪初，智力主要由智商来定义，这是一项标准化测试，主要测量语言和算术能力。现在，智力的概念已经扩展，包括了更多的领域，比如，处理速度、注意力、记忆力、语言和非语言推理。心理学家继续开发新的测试测量各种心智能力，而且测量智力和认知能力的测试继续被教育工作者、心理学家、神经心理学家等许多专业人士广泛使用。

这些测量工具决定了专业人士如何为天赋划定界限，这当然会导致分歧。事实上，评估天赋的标准因州而异、因区而异。没有统一标准的天赋定义、各种各样的天赋类型、不同的测量技术，给超常儿童的发现带来了很大的困难，探讨这些重要问题的必要研究也很难进行。

大多数智力测试或认知能力测试的最高分比平均水平高4个标准差（智商分数高达150到160），还有一部分测试的最高分远远超出这个范围。有智力天赋的孩子智商至少要在125分以上（在平均分为100分，标准差为15的考试中，排名前5%的学生）。虽然各州和各个学校使用的测试方法不同，但大多数会使用标准化能力测试的分数，或考试成绩作为标准。如果使用得当，认知能力测试可以在学生的能力方面提供有价值的信息，包括优点和缺点。智商确实是描述超常儿童基本特征的一种方法。

人们发现"天赋"这个词并不准确，因为超常儿童在能力测试中的表现各不相同，"天赋"这个词描述了一个多样化的群体，却没有完全捕捉到个体突出的技能和不同的才能。因为很多不同的能力都归结在"天赋"这个类别下，目前，一些教育工作者和心理学家使用一些词语来讨论天赋的程度，比如"轻微""一般""突出"。

测试的成绩只能说明一部分情况。天赋所包含的内容不只是能力测试和智力测试的分数；超常儿童的行为表现非常重要，它们代表着孩子的能力。超常儿童表现出不平衡的发展模式，一些技能超过了其他技能。比如，他们可能阅读能力很强但数学不好，或者他们可能在拼图或机械方面超出同龄人，但在语言发展方面表现一般。有的孩子在智力方面表现突出，而在运动或社交方面则表现平平。或者他们掌握了丰富的知识，但是在社交时的表现——比如体贴、得体——远远比不上他们的知识储备。这种不平衡的发展模式被称为不同步发展综合征（asynchronous development）。超常儿童不同步发展的特点是如此突出，一些专家甚至从不同步发展的角度，而不是通过潜力或能力来定义超常儿童。虽然所有的超常儿童都表现出不同步发展，但是天赋超群的人比有一点天赋和有中等天赋的人更不同步。

不同步发展使得超常儿童这个群体比普通孩子更加多样。这不足为奇。大多数家长和专家很容易发现，接受特殊教育——个性化教育计划（Individual Education Program）的低智力儿童有很强的多样性，因为他们的需求带有个人特质。如果像考虑发育迟缓的儿童一样考虑超常儿童的巨大差异，那么他们的内在发展不同步就很容易理解了。孩子的天赋越高，他的内在不同步的可能越大，因为他的优势领域和相对弱势领域之间存在着巨大的差异。因此，如果你看到一个7岁的超常儿童具有6年级的阅读能力和4年级的数学能力，却表现出与她年龄相符的精细运动水平，这是非常正常的。她的不同能力间有如此大的差距，自然对她学习的课程和年级的安排有很大的影响。这种发展不同步的孩子，即便有天赋，也需要个性化的课程。

　　天赋是一种能力，也可能是潜在的能力，有着不同步的特征。遗传和环境在天赋的表达上都有作用。就像运动员需要合适的训练和支持来发展能力一样，超常儿童的发展也需要指导、支持和合适的教育机会。无论如何定义、测量、发现天赋，超常儿童都需要父母和老师们用不同的方法来帮助他们茁壮成长。

超常儿童的特点

　　测试是发现超常儿童的一种方法，还有一种方法是观察行为特征。尽管超常儿童的种类繁多，但他们的确有一些共同特征，虽然不是一直都会表现出来。我们查阅了几十年内出版的大量书籍，总结了这些特征，列举在表1内，这些特征对超常儿童和他们的家庭有着终生的影响。

表1　超常儿童的共同特征

- 能够快速学习，将想法快速地整合在一起
- 记忆力好，能够记住大量的信息
- 词汇量大，能够使用复杂的句型
- 能够理解词语间的细微差别，能够理解隐喻和抽象的概念
- 喜欢拼图和算术题
- 读写能力发展得较早
- 能够敏锐感知情绪的时间较早
- 思考是抽象的、复杂的、有逻辑的、有想法的
- 非常理想主义，充满正义感；关心社会问题、政治问题和不公正现象
- 当被挑战和参加活动时，注意力更集中，保持专注的时间更长
- 对自己或他人的能力不足和动作迟缓而感到不耐烦
- 能够快速学习基础的技能，学习时缺乏耐心
- 能够提出探究性问题；超越所学知识
- 好奇心强；问题很多
- 喜欢做实验，做事情的方法与众不同
- 能将想法以不常见的方式组合在一起（发散性思维）
- 很敏锐，有时具有非同寻常的幽默感，擅长使用双关语和玩文字游戏
- 希望用复杂的游戏或方法来组织人和事
- 有想象中的玩伴（学龄前儿童）；想象力丰富

个性特征、过度兴奋和有天赋的人

个性是如何影响天赋的？天赋是如何影响人们与这个世界的互动的？研究高智商人群的心理学家尝试了解个性特征是如何影响他们发展的。人格发展的研究为寻找这些问题的答案提供了一些线索。大五人格模型（Big Five Model of Personality）为理解人格特质和智力之间的相互作用提供了一个框架，而达布罗斯基（Kasimerz Dabrowski）的积极分裂理论（Theory of Positive Disintegration）和过度兴奋（overexcitability）*的概念则提供了另一种方式来理解有天赋个体的经历。

大五人格模型。 大五人格模型是心理学界公认的人格模型，也是最广为人知的一个。该模型包括五种人格特质，这五种特质显示出跨文化的普遍性。大五人格经常被用来描述人格特质是如何影响人们的行为、关系和生活质量的。这五种特质为：开放性（openness）、尽责性（conscientiousness）、外倾性（extraversion）、宜人性（agreeableness）和神经质（neuroticism），每种特质都对应一个连续变化的维度，它们的英文首字母合起来刚好可以拼成一个单词：OCEAN（海洋）。

大五人格特质

开放性： 也被称为"经验开放性"，这种特质包括想象力、好奇心和情绪。开放性量表中得分高的人愿意修正他们的旧信念和偏见，主动寻求挑战，乐于学习新事物、享受新体验。

尽责性： 尽责性量表中得分高的人工作努力，有条理，思维缜密。得分较低的人可能的表现为自由散漫、冲动、粗心。

外倾性： 这个特质测量一个人的社交能力和自我肯定程度（assertiveness）。得分高的人通常都很外向、健谈；得分较低的人喜欢安静，不爱说话，喜欢独处。

宜人性： 宜人性量表中得分高的人有合作精神，善解人意，信任他人，并且

---

* overexcitability 又被译为激越力。——译者注

乐于助人。得分低的人可能持怀疑态度，不关心他人的感受，嫉妒心强。

神经质： 这个特质测量一个人体验不安或焦虑的倾向。这个量表得分高的人往往体验到更多的负面情绪，也更容易经历情绪困扰。得分越低，越沉着冷静，状态越放松，越有安全感。

研究一致表明，开放性与智力水平呈正相关。[5]开放性共有六个维度，包括思想的开放性/求知欲、想象力、审美、情绪感受力、对新奇与变化的偏好，以及开放的价值观/挑战权威和常规。在这些维度中，思想的开放性/求知欲反映通过推理[6]探索抽象信息的倾向，这与认知天赋密切相关。

达布罗斯基的积极分裂理论。 在超常教育领域，卡奇米日·达布罗斯基提出的积极分裂理论经常被用于解释天赋的特征。积极分裂理论不像大五人格一样被社会广泛接受，但在超常教育界却是众所周知的，而且经常被引用。在积极分裂理论中，达布罗斯基提出了过度兴奋的概念。"过度兴奋"指的是"一种强化的心理活动，并以高于平均水平的形式表现出来"[7]。这些对刺激的强化反应通常被通俗地称为"强度"（intensity）。达布罗斯基提出了五个可以体现过度兴奋的领域：智力、情感、想象、感官和心理运动。

达布罗斯基的"过度兴奋"

- **智力方面：** 渴望追求新的想法，热爱学习，关注公平正义；对小众的话题感到好奇。

- **情感方面：** 对强烈的情绪或剧烈的情绪反应有主观体验，其激烈程度与发生的事件不匹配；对人或物形成强烈的依恋。

- **想象方面：** 在头脑中有丰富的画面，热爱幻想，有创造力。

- **感官方面：** 对生活中的方方面面都有着更强烈的感官体验，比如感官上的愉悦，包括对艺术、音乐的欣赏。因为敏感，对于感官的输入有时也会感到不适或疼痛，比如对光、声音、触觉感到不适。

- **心理运动方面：** 需要体育活动，热爱运动，有无限的能量，容易冲动。

超常儿童的父母经常说起这些特征，临床医生认为，超常儿童被转介去接受治疗或评估的一个常见的原因，是父母或孩子想要理解、管理或控制与过度兴奋有关的行为。关于过度兴奋的研究发现，智力和想象方面的过度兴奋与智力水平之间呈现中等程度的效果量，而在那些有认知天赋的人身上，情感和感官方面的过度兴奋的平均值小幅增加。目前还没有相关研究显示心理运动方面的过度兴奋与智力水平相关，[8]尽管在临床中，在很多超常儿童身上都观察到了这一点。

开放性V.S.过度兴奋。一些研究人员认为，过度兴奋的概念与大五人格模型中的开放性类似，开放性的维度也与过度兴奋的几个方面有所重叠。尽管二者都可被用来描述超常儿童，却不能仅仅因为一个孩子的开放性高或在某方面过度兴奋就证明他有认知天赋。尽管开放性与智力相关，但很多不是超常儿童的孩子也表现出了这种性格特征。虽然许多人认为过度兴奋的情况在超常儿童身上出现得更普遍，但这不是超常儿童的专利，不同能力水平的孩子有不同程度的过度兴奋。

尽管一些家长和临床医生认为过度兴奋是负面行为（例如，"太敏感"或"问太多问题"），过度兴奋可以解释超常儿童的敏感、强度、同理心和好奇心。它们不应该被忽视。过度兴奋可能令人沮丧，但它不会让人脆弱。情感方面的过度兴奋不会让孩子经常情绪崩溃；心理运动方面的过度兴奋会使孩子在学校或家庭中遭遇严重困难，但不应该被忽视；感官方面的过度兴奋不会表现为扰乱日常生活的极端感官敏感性。如果出现了以上的任何一种情况，都是一个信号，表明这个孩子可能是双重特殊儿童（详见第二章），需要进一步检查。虽然过度兴奋可以充分解释某些行为，但它不是不良行为的借口。因为是"超常儿童的过度兴奋"就减少关注，会错过寻求帮助的机会，错过主动制定成长策略、学习应对技巧的时机，而这些对于成功都是非常必要的。

超常儿童可能出现的问题

超常儿童的某些特点和优势可能会导致某些具体的潜在问题。每一个可能的困难都会给他们以及他们周围的人造成压力。例如，强烈的好奇心和广泛的兴趣可能会使他们精力分散、非常疲惫；快速的思考过程和高要求会使他们对别人不耐烦；而高强度会让他们难以接受他人的批评，无法调整自己的行为，经常反应过度。

表2列出了一些与超常儿童的特质有关的、可能出现的问题。

表2　与超常儿童的特质有关的问题[9]

优　势	可能出现的问题
能够快速获取并吸收信息	对别人的迟缓感到不耐烦；不喜欢常规工作和练习
善于发问，对知识感到好奇，内在动机强	问一些令人尴尬的问题；坚持己见
抽象概括能力强、综合能力强，喜欢解决问题和智力活动	省略细节；质疑教学过程
能迅速领悟事物之间的因果关系	接受不了不符合逻辑的地方
热爱真理，追求公平公正，喜欢公平竞争	为人类福祉而担忧
喜欢分类整理，让人和事都遵守特定的结构和秩序	制定复杂的规则或使用复杂的方法；专横、粗鲁、飞扬跋扈
词汇量丰富，语言流畅、熟练，了解前沿的信息	狡辩；被人看成自以为是的"百事通"
有批判性思维，要求高，喜欢自我反省、评价他人	为人挑剔，不能容忍他人；完美主义
有创造力，有发明才能，喜欢创新	破坏计划，拒绝常规方法；特立独行，与周围的人或环境格格不入
高度专注，在感兴趣的领域能保持长时间的专注，目标导向，能够持之以恒	讨厌被干扰；固执
兴趣广泛，多才多艺	容易因没有时间而沮丧
有强烈的幽默感	容易感到荒谬；幽默不被同龄人理解；哗众取宠

质疑传统的超常儿童

超常儿童的开放性和强度结合在一起，有时会让他们有一些不得体、不礼貌、不合适的行为。他们可能会问"你为什么秃顶？""你多大岁数？""你有多重？"等私人问题，在当今社会，问这些问题是不礼貌的。一些超常儿童会毫不犹豫地纠正老师的错误。他们可能会说："你说错了。发现美洲的不是哥伦布，而是维京人，时间比1492年早很多。"

出现这些质疑行为的原因是超常儿童在好奇的同时缺乏人生经验；他们的年纪太小，没有意识到提出有关年龄和外貌的私人问题是没有礼貌的。他们还没有学会这些社会习俗，甚至当我们向他们解释这些习俗时，他们认为这是些"愚蠢的"规则。一些社会习俗，比如在某些场合穿正装、在某些场合穿休闲服，对他们来说是毫无逻辑的。由于超常儿童思维敏捷、逻辑性强、能够找到多种做事方法，他们可能因为挑战传统而惹上麻烦。他们有时会以非传统的方式行事，而有些超常儿童违反规则只是为了表现其叛逆的独立性。

有时候，超常儿童会以被人接受的、恰当的方式质疑传统。例如，一个10岁的孩子可能会写信给某大公司的广告部，讨论广告中某个情节的准确性。还有的超常儿童可能会试图通过不恰当的方式挽救局面，比如争吵或引发敌意。作为有着更多生活经验的成年人，我们可以帮助超常儿童理解习俗和传统的价值，以及它们产生的原因，举一些例子，说明什么时候、通过什么样的方式挑战传统是恰当的。

大多数孩子，尤其是青少年，几乎都会质疑各种习俗和传统的必要性，他们会说："我为什么要为出席生日派对盛装打扮？"但由于超常儿童能够别出心裁地看到"更好"的选择，并且发现事情矛盾和不合逻辑之处，他们更有可能在他们认为不合逻辑、愚蠢或武断的地方挑战传统。"为什么女人要带钱包？擦口红？""为什么男人干花园里的活，而女人干家里的活？""为什么叉子要放在左边？""孩子们发现大人犯错误的时候，为什么不能纠正他们呢？"

一方面，我们希望超常儿童是开放的、有创造力的，因为这是创新和进步的开始。另一方面，有时，我们也希望他们能够尊重传统。超常儿童会问一些成年人很难回答的问题，这让人很不舒服。他们很少满足于这样的回答："我们都是这样做的。"他们想知道原因，还会经常提出质疑。帮助超常儿童学习如何在不激怒他人的情况下提出他们的疑问，并进行有效的沟通，对于他们长大成人大有裨益。

我的孩子是超常儿童吗?

你是不是还不能确定你的孩子是不是超常儿童?你有好几个孩子吗?有些时候,甚至在孩子还很小的时候,就能看出一个孩子不仅天资聪颖,而且非常有天赋。在另外一些情况下,当天赋没有以传统的方式表现出来时,父母很难确定他们的孩子是不是超常儿童。

这可能是因为这个孩子有天赋的领域不是语言或者数学,也有可能是因为他有优势的领域只在他长大后才能够被发现。只有当他在某个领域有了一定的经验后,才能看到他的潜力。杰妮尔的父母知道她喜欢音乐,但并没有发现她在音乐方面很有天赋,直到她4岁的时候,开始弹奏铃木小提琴,她弹得非常好。

父母通常是第一个发现孩子能力的人,尽管他们可能不认为这是天赋。在孩子小时候,他们会觉得和同龄的其他小孩相比,自己的孩子表现得更好。这一点在超常儿童与其他孩子和大人互动的时候表现得尤为明显。在还没上学的时候,他们就会表现出一些早熟的行为,别人会惊讶地问:"他几岁了?"

超常儿童发展的不同步,使他们的能力以不平衡的速度增长。因此,仅凭观察来判断天赋是非常困难的。家长们可能会担心由于天然的"滤镜",他们会高估孩子的能力,但他们还是应该相信自己的观察和判断,还要注意他们可能会低估孩子的潜力。一些父母很聪明,但与孩子相处的经验有限,他们往往会低估孩子的能力。甚至当他们的孩子被学校或者心理学家认定为超常儿童后,他们有时还会认为自己的孩子并不是有天赋,只是"很努力"。换句话说,是个"冒牌货",只是在考试那天"运气好",得了高分。他们也可能认为天赋不代表任何事,对学校的教育或生活没什么作用。有些父母只是不希望他们的孩子是超常儿童;"我们只希望他是个普通人"。

为了帮助父母理解、接受孩子的天赋,卡罗尔·史地鄱和格雷琴·赫希描述了超常儿童的特征,并举例说明了这些特征的强度。

质疑的风格。超常儿童有很强的好奇心,喜欢问关于抽象的观点、概念和理论的问题,这些问题可能不太好回答。比如,他们可能会问:"为什么光速比声速快，在外太空也是这样的吗？"他们的好奇心会驱使他们去做有趣的实验，就像一位沮丧的家长描述的那样：6岁的孩子想知道如果在汽车的引擎盖上跳舞，她的踢踏舞鞋会发出怎样的声音。

学习速度和概念的应用。做数学题时，超常儿童会从第二步直接跳到第十步，因为做完第二步以后，他们已经得到了答案。超常儿童做数学题时不会列出解题步骤，因为他们是用脑子想出来的，而不是在纸上写出来的。这会让老师感到沮丧，并且当老师让超常儿童辅导其他孩子时，会产生问题，因为其他孩子需要知道所有的步骤后才能解题。

兴趣程度。超常儿童对几乎所有的事物都表现出强烈的好奇心，他们会沉浸在自己感兴趣的领域里，深入地讨论，比如，一个两岁的孩子会坚持让父母反复读《圣诞前夜》这首诗，哪怕已经读过几百次了。如果父母在读诗的时候遗漏了某个单词，他会指出并纠正。然后某一天，出乎全家人的意料，他站在高脚椅上从头到尾背诵了整首诗，没有任何错误。超常儿童和成年人有时会随着时间的推移，以强烈的热情追求自己感兴趣的东西，这种坚持被安吉拉·达克沃斯（Angela Duckworth）称为坚毅（grit）。在其他时候，虽然这些兴趣仍然强烈地吸引着他们，但可能会迅速变化，因此，著名的教育学家，天赋领域的权威，已故的乔治·贝茨博士才会说："这就是你为什么会租单簧管！"

语言能力。超常儿童往往词汇量丰富，能够运用高级词汇，能够理解别人没有注意到的词语的细微差别，喜欢玩文字游戏、使用双关语、会说同龄人理解不了的深奥的话（有时成年人也很难理解）。当成年人想要通过拼写单词传递暗语时，超常儿童很快就能破解。他们能够理解抽象的概念，并以与众不同的方式使用词语。当被问到创造力的定义时，一个超常儿童这样回答："创造力是教义（dogma）和业力（karma）的融合。"[10]

关注公平。超常儿童远比其他同龄人关心全世界的公平和公正。在一些道德和伦理问题上，比如战争、环境问题、人道主义问题，他们会抓住一些微妙的差异，然后他们会热情地捍卫自己的观点。超常儿童的父母会觉得自己在不停地回答孩子的问题和担忧。

　　超常儿童的这些特点既能给他们和家人带来快乐，也会给他们带来隐患。尽管这些特质令父母、老师，甚至超常儿童自己感到烦恼或沮丧，但这些特质是超常儿童身上必不可少的一部分，而且无法改变，必须接纳、尊重这些特质。在接下来的章节中，我们希望能够在超常儿童家庭共同关注的问题上提供一些有用的信息和措施，帮助解决这些问题。没有什么比养育超常儿童更困难的事了，也没有什么事情比这更值得。

第二章

超常儿童中的特殊人群

　　支持超常儿童时，天赋与缺陷、文化、语言多样性和多元性别群体身份认同的交叉性是我们需要分辨的重要因素。超常儿童的生活因这些因素而产生不同的层次，这会对"他们是谁，要如何成长"产生重大的影响。在本章中，我们将研究这些不同的因素会如何影响超常儿童，家长怎样才能有效地支持他们的孩子。

具有多文化和多语言背景的超常儿童

　　ThinkLaw 的创始人科林·希尔（Colin Seale）是超常教育多元化的倡导者，他指出："……天才是平均分布的，但机会不是。"[1]超常教育项目在发现和服务来自不同文化和语言背景的超常人群方面取得了长足的进步，但仍任重道远。在美国，超常儿童遍布在各种族和民族中，包括非裔、亚裔、太平洋岛民、西班牙裔、拉丁裔和印第安人；他们同样遍布于农村和经济弱势地区。然而，他们获得的机会和支持却因所在的群体而大不相同。

　　美国少数族裔的超常儿童家长在为自己的孩子争取与其他孩子一样的有帮助的挑战和机会时，经常面临不同的障碍。当美国少数族裔的学生接受来自其他文化的老师的教导时，会因老师的低预期而得不到应有的发展。对少数族裔文化缺少了解的老师，在课堂上可能对少数族裔的学生带有偏见而不自知，因而减少具有挑战性的课程。比如，在只有老师推荐才能进入的超常教育项目中，内隐偏见会影响那些孩子入选。格里森姆（Grissom）和雷丁（Redding）在2016年进行的一项研究表明，如果黑人学生的老师也是黑人，他被推荐到超常教育项目的可能性会增加三倍。[2]许多学校已经将超常项目由推荐制改为普遍筛选（评估一个年级内的所有学生，不管老师如何评价他们），来减少教师的偏见和对高能力者的非传统特征的认识不足所带来的影响。

乔伊·劳森·戴维斯在2022年指出，如果老师缺乏文化意识，提供与学生的文化背景无关的课程，会加剧已经存在的成绩上的差距。[3]此外，一些有色人种的学生认为，他们承受了与文化认同有关的负面压力，这些压力来自他们的同伴，他们不想被同伴认为"太聪明"或"装白人"。[4]每种障碍都使超常儿童无法获得发挥自身潜力所需要的服务。

母语不是英语的超常儿童是另一个在超常教育中可能被学校忽略的群体。学术环境，从教导到评估都基于语言。在超常教育项目中，对认知能力的评估通常基于语言的推理和词汇。在家里使用另外一种语言的孩子可能能够使用英语流利对话，但无法解释概念间的细微差异，这会使他们的整体认知得分偏低。保证考官熟悉孩子的语言背景是很重要的，这样他们在解读分数时会考虑孩子生活在多语言的环境中。另一种确保这些孩子不会被忽视的方法是使用非语言的认知能力测试。

给多文化和多语言背景儿童父母的几点建议

关注未来。一些有色人种孩子的父母可能会感到来自社区的压力，从而不为自己的孩子发声，认为这样做会使他们的孩子与自己的社区、传统和文化分离。[5]关注孩子的未来，你会获得学业挑战、社会和情感支持，以及未来的机会，并会因此受益。

想办法让你的孩子融合他们的文化和学术身份。许多有色人种的学生，特别是黑人和西班牙裔的学生表示，当他们在学校里展示自己的能力时，会感受到来自同伴的负面压力。[6]而且，在以白人为主的超常项目中，有色人种的学生会感到被孤立。[7]帮助你的孩子找到既能接受他们的聪颖，又能接受他们的文化背景的同龄人，让他们在其中找到归属感，这能帮助他们发挥潜力。

为孩子联系社区里的导师。在家庭支持之外，帮助孩子找一个能够鼓励和支持他的人，这是另一种建立联系和获得指导的渠道。这个人可能也曾是超常儿童，他曾和你的孩子一样，面临着同样的压力；或者，他可能事业有成，可以帮助你的孩子探索作为少数族裔，如何获得既满足又成功的事业，从而为他们保驾护航。

回忆一下你的学生时代。许多超常儿童的父母也天赋异禀。你觉得学校生活怎么样？你曾获得过哪些支持，遇到过哪些挑战？你是如何处理同伴关系的？与你的孩子分享这些，可以让他们知道他们的经历很正常。此外，诚实地面对自己和孩子的经历，可以帮助你理解自己因为孩子的经历所产生的情绪，以及你为他争取权益时的感受。

与学校里支持超常儿童的人合作。随着你的孩子在学习上的进步，你会发现有些人不仅能够理解超常儿童所面临的文化和语言障碍，也愿意为之努力，改变制度中阻碍超常儿童发展的部分。他可能是学校的辅导员、超常教育项目的老师，或者学校的管理者。与他们联系并合作，讨论怎样才能更好地支持你的孩子，这样做能给这个大多数情况下都不透明的系统提供正确的方向。

有天赋的多元性别儿童

多元性别与超常儿童叠加，这两种身份交集使孩子更加"与众不同"，也使他们难以调和自己的身份。许多孩子为了建立他们想要的同伴关系，需要掩盖自己的天赋。一个犹豫是否要透露自己是多元性别的孩子还要面对来自社交圈和家人的评判，这令他们感到恐惧。

目前还没有多少研究专门探讨在超常儿童中，多元性别和传统性别的占比是否有所不同。然而，有两个与天赋有关的因素可能与多元性别的身份相关。第一，开放性（详见第一章中介绍大五人格模型的内容）与认知天赋呈正相关，同时，开放性越高，对同性的吸引力越强。[8]此外，研究一致表明，在自闭症人群中，多元性别的比例有所增加；而许多双重特殊儿童既是超常儿童，也有自闭症。[9]

关于多元性别孩子的环境问题在不断发展和变化，在目前的环境下，理解和支持这些孩子是困难的，而这已经是最好的情况了。努力支持孩子的父母会发现这个问题很难解决。和超常儿童遇到的所有事情一样，我们可以引导他们用自己的认知能力在安全的环境下探索身份问题。提出一些试探性的问题，然后尽你所能回答他们的问题。如果有一些问题你也不确定答案，鼓励他们做一些研究。花点时间和你的孩子聊聊，听他讲讲他的经历。帮助他们探索自己的身份，帮助他们决定在何时何地公布这个信息。

和青春期的孩子一样，一些孩子可能会"尝试"不同的标签和身份。我是个运动健将还是个书呆子？我适合这个小组还是那个小组？我是"假小子"还是跨性别者？我只是喜欢我的新朋友，还是真的想要和他们产生更深的亲密感？父母可以在这个过程中给予支持，让自己的孩子知道，青少年对这些事情产生疑问是很正常的。和养育孩子时遇到的其他情况一样，一旦武断地明确了立场（例如："我不管你觉得自己是不是变性人，你不能穿那样的衣服/剪那样的头发/改变称呼自己的方式"），你就不太可能说服孩子认同你的看法了。

多元性别的超常儿童开始了解自己的身份后，会经历许多阶段。塞迪洛（Sedillo）和钱德勒（Chandler）认为他们所要探索的任务和所要经历的阶段既关乎他们的性取向，也关乎他们的天赋。[10]在早期，他们可能会做研究，以了解更多关于自己的信息，并选择隐藏自己的智力还是性取向。对他们来说，寻找志同道合的伙伴是很难的，伙伴要能够理解他们，并接受他们的全部，但这是帮助多元性别的超常人群最终学会接受自己、活出真我的一个主要因素。

双重特殊儿童

双重特殊儿童是超常儿童，但他们的诊断不同——他们既表现出了非凡的能力，同时也存在某些障碍。他们的某些能力位于正态分布的右侧，高于常规，同时，也在一个或多个领域存在不足。双重特殊是非正式的教育用语，用于定义某些超常儿童，他们身上还有一些抑制学习能力的因素。这些挑战或障碍会在某种程度上干扰学校教育和他们的学习状态，它们可能是神经性的（比如多动症、自闭症、阅读障碍）、心理上的（比如焦虑或抑郁），或身体上的（比如脑瘫、耳聋，以及视力障碍）。并非所有与天赋有关的医学诊断都是双重特殊。例如，一般不会把一个对花生过敏的超常儿童看作双重特殊儿童。因为虽然花生过敏是一种医学诊断，可以认为是种障碍，但它与孩子的思考能力或学习能力没有直接关系。在养育和教育的过程中，双重特殊儿童有着特殊的需求。

这个时代对超常儿童和双重特殊儿童的看法是模糊而且不稳定的。超常儿童来自不同的文化、不同的语言背景，发现他们的过程往往是不公平的，这使得不平等的问题更加严重，因此，教育工作者反复讨论超常项目的价值。[11]尽管人们越来越能理解神经多样性和特殊群体对权利的需求，但目前这方面还没有得到广泛的支持：倡导者提议在学校、工作环境和其他环境内为超常人群提供合适的空间。这就使双重特殊儿童和他们的家庭陷入了一种不稳定的平衡，他们缺乏合适的指导，努力在特殊的能力和障碍间寻找平衡，找到自己的道路。除了缺少对超常教育的关注之外，很多教育者也不理解为什么一个有"障碍"的人是有天赋的（或者一个有天赋的人为何会有"障碍"）。

将神经多样性的框架整合到双重特殊性中

神经多样性与生物多样性的概念类似。就像生物多样性提供了生存所必需的物种变异一样，神经多样性使人们认识到大脑发育的范围是广泛的，这挑战了从所有人群中总结出的"正常"；社会中有思维方式和学习方式不同的人，对我们的生存是有利的。注意力缺陷、自闭症、阅读障碍、超常等情况都属于神经多样性的范畴。长久以来，许多形式的神经多样性都被认为是一种病态，导致了对某些诊断的污名化。父母、教育工作者，甚至临床医生有时都不愿意给孩子"贴上这样的标签"，他们感到害怕：别人会怎么看待他们的孩子？这会给孩子的心理带来怎样的长期影响？孩子可能因此失去怎样的机会？

一些具有神经多样性的人想要重新找回自己的身份，不再害怕那些能够准确描述他们需求的标签，他们组成了神经多样性社区。一些双重特殊的成年人，他们有天赋，同时有着注意缺陷多动障碍、自闭症、阅读障碍或其他障碍，他们开始理解自己，接受自己，努力疗愈在被忽视的教育环境下的成长创伤。这个环境不停地告诉他们，他们行为懒散、没有上进心，他们无法发挥自己的潜能，这让他们感到受伤。教育工作者开始接受培训，了解如何满足双重特殊学生的需求。具有神经多样性的孩子也在学习理解自己的需求，并在需要的时候主动提出要求。

这一运动使得人们在说起神经多样性时使用的语言发生了转变。许多神经多样者，喜欢用身份第一语言（identity-first language），比如自闭症患者（autistic person），或有阅读障碍的学生（dyslexic student），而不是人物第一语言（person-first language），比如，这个人有自闭症（person with autism），或这个学生有阅读障碍（student with dyslexia）。产生这种区别的原因是神经多样者认为自己的诊断，也就是让他们与别人不同的特点是天生的，是他们的一部分。这影响着他们生活的方方面面——他们如何学习、如何社交、如何思考、如何解决问题。人物第一语言意味着一个人的神经多样性是可以被修改、被治愈的（实际上并不可以，这不是一个能够改变的问题），与污名做斗争的一部分内容是修改用来描述他们需求的术语。聋人社区（the Deaf Community）是最早接受使用身份第一语言的社区之一。天赋也是神经多样性的一种，然而你会发现，没有人介意用身份第一语言描述有天赋的儿童和其他人群（另一种描述方法会说：这个孩子有天赋）。这体现了与各种神经多样性诊断有关的病耻感。在本章中，为了响应神经多样性社区的倡导，我们默认使用身份第一语言（自闭症患者、多动症患者、阅读障碍症患者等）。

神经多样性的运动基于残疾的社会模式，这种模式认为，人们在某些方面存在障碍。但是，由于社会未能提供相应的环境，障碍变成了残疾。例如，一个被诊断为中枢听觉处理障碍的人可能在参加网络会议时有障碍；然而，他的障碍只在会议不提供隐藏字幕时才会变成残疾。提供隐藏字幕满足了与听觉处理有关的需求，因此可以使这个人毫无障碍地参与会议。神经多样性的倡导者并不坚持认为他们的不同只是一种优势或"超能力"，因为这否认了他们需要获得支持的现实。然而，他们也确实意识到，这些不同在某些方面可以使他们拥有独特的观点、兴趣，或者其他人没有的技能。

双重特殊儿童进入肯定神经多样性的家庭和学校意味着他们被赋予了自我觉察的能力。肯定神经多样性的家长接受孩子与别人的差异，在他们需要的时候提供支持，不强迫他们隐藏自己的不同，变成另一个人。《养育双重特殊儿童：给神经多样的超常儿童的家长手册》（*Raising Twice-Exceptional Children: A Handbook for Parents of Neurodivergent Gifted Kids*）一书提供了详细的信息和方法，帮助家长与他们的孩子建立肯定神经多样性的关系。[12]

虽然所有双重特殊者都具有神经多样性（超常也是一种神经多样性），但不是所有的特殊情况都被认为是神经多样，因为有些情况属于心理疾病（比如广泛性焦虑症和重度抑郁症）而不是神经发育障碍。有心理疾病的学生仍会被归结为双重特殊的范畴，因为他们可能需要家庭或学校的支持，而且他们的天赋会影响这些病症的显现。

发现双重特殊儿童

由于双重特殊儿童拥有独特的优势和困难，找到他们可能是一个复杂的过程。有时，一个孩子超常的能力弥补了他的缺陷，导致了延迟发现。例如，一个有注意缺陷多动障碍的超常儿童小时候可能在学校表现"不错"，成绩良好（甚至优秀），尽管他有组织、时间管理和注意力方面的问题。然而，随着年龄的增长，他的执行能力要随着任务难度的增加而变强，这时，他将无法再用能力弥补缺陷，多动症的症状就会变得明显。相反的情况也有可能发生：一个有自闭症的超常儿童小时候与情绪失调做斗争，他参加了个性化教育计划，帮助自己解决困难。然而，一旦他被纳入特殊教育项目，他就永远不可能再进入超常教育的筛选，即使他的学习成绩清楚地表明他的学习能力很强，需要严密的课程体系。

要解决双重特殊孩子的需求，首先要确保诊断是准确的，这很重要。与天赋有关的行为可能被误读，与神经多样性有关的特征也可能被错误地归结为天赋，导致误诊或漏诊，这两种情况都会导致我们失去宝贵的、用来提供支持的时间。损伤程度是准确识别的一个重要考虑因素，但一些学生可能用天赋把障碍弥补得很好，在某些情况下，他们隐藏了障碍。一些可能因错误解读行为导致误诊或漏诊的情况包括：

- 超常儿童在刺激不足的环境中会表现出注意力不集中的特征。一个能够提供适当挑战的环境可以减少这种行为。
- 有自闭症的超常儿童如果有天赋，能够培养与社交、沟通相关的补偿性技能，就有可能会被误诊为多动症，虽然他们的执行能力有明显的问题。随着社会期望超过孩子的补偿能力，这些问题会变得更加明显。

• 有阅读障碍的超常儿童可能会被贴上焦虑的标签，因为他们好像不能理解正在阅读的材料。当要求他们在课堂上大声朗读时，他们会变得非常紧张。

• 有多动症的超常儿童可能有多动和冲动的行为特征，但这些特征却被解释为天赋。

• 超常儿童和自闭症儿童都可能有超读症（从小就对字母和数字感兴趣，通常在很小的时候就能阅读）。

很多时候，善意的成年人会进行非正式诊断，并混淆不同的神经多样性，或者没有经过天赋方面培训的专业人士，会错误地解读评估数据。请了解天赋的临床医生做出全面的评估，分析不同神经多样性细微的差别，这十分必要。《超常儿童和成人的误诊和双重诊断》一书提供了对这些问题的深入研究，《双重特殊儿童：支持、教育有学习困难的聪明人》（*Twice Exceptional: Supporting and Educating Bright and Creative Students with Learning Difficulties*）提供了全面的双重特殊儿童的评估与干预的内容。[13]

此外，天才发展中心（Gifted Development Center）发布了《双重特殊儿童识别清单》（Checklist for Recognizing Twice-Exceptional Children），可以免费下载。[14]

标签很重要，需要准确无误，这样才能提供合适的干预措施。中国有句谚语说："名不正，则言不顺；言不顺，则事不成。"对于超常儿童，经常在没有进行全面评估的情况下，就使用通用的解决方案，事实上，只有全面评估才可以形成更具体的干预措施。正确的诊断是必要的，但它只是一个起点，不是解决方案或治疗方法，当然也不是孩子的命运。

诊断学习障碍最常用的方法，是比较一个人的能力或潜力指标（通常使用认知评估或智力测试）和反映这个人成就的指标（通常是标准化考试）。如果学习成绩明显低于预期（基于能力指标的评估），就认为他有学习障碍，除非有其他因素可以解释这种差异，比如视觉困难、情绪困扰，或者缺少教育机会。这种"差异模型"还用于诊断某些教育环境中的学习障碍。然而，在一些学校，要想使这种差异具有相关性，孩子的表现必须得比同年级的孩子低两个或两个以上的年级。超常儿童可能不符合这些参数下的标准，因为他们的总成绩不低于年级"平均"水平。在获取诊断信息时，临床心理学家和神经心理学家还探索了可能存在学习障碍的显著差异和非典型模式。但是，由于心理学家在受训方面存在巨大差异，他们对这些差异和模式的理解大不相同，可能会忽视超常儿童的问题。

为针对某种特殊学习障碍的教育项目挑选具备资格的超常儿童，这个过程可能会很复杂，因为不同步发展的模式在超常儿童中很常见。[15] 阅读能力高于平均水平，但数学能力与同龄人相当的孩子并不罕见，这种差异并不一定意味着学习障碍，它们可以反映学习的优势、劣势，甚至增加受教育机会。由于超常儿童的认知能力得分是统计上的特殊值，分数之间的差异往往更大；语言能力和非语言能力之间相差甚远的情况在超常儿童中并不罕见，在缺乏其他证据的情况下，这不应引起关注。[16] 不同步的发展模式和对学术概念接触程度的不同，都会影响孩子在学业上的表现。一项研究表明，当使用智商和成绩之间的标准差时，智商分数在120以上的孩子中，有92%的学生在至少一个领域内表现出学习障碍。对超常儿童来说，在判断学习障碍时，使用30—37.5分的差距可能效果更好。[17] 尽管如此，我们仍然应该期望孩子的学习成绩接近他们的整体认知能力。另外，那些表现出"相应水平"的超常儿童，如果他们的技能水平没有明显"低于平均水平"，他们仍然不符合国家要求。而简单地将相同的能力和成绩之间差异的标准应用于超常儿童也不一定有效。《在现在的课堂上教授双重特殊儿童》(*Teaching Twice-Exceptional Learners in Today's Classroom*) 和《双重特殊儿童：支持、教育有学习困难的聪明人》，这两本书可以帮助教育工作者发现超常学生所面临的具体的学习障碍。[18]

特殊的学习障碍（阅读障碍、书写障碍、计算障碍）

那些在阅读、书写或数学方面苦苦挣扎的超常儿童，可能会在这些方面表现出学习障碍。一般来说，超常儿童在这些方面的学习成绩应当与他们的能力一致。在被问及某个话题时，一个孩子口若悬河、滔滔不绝地表达了自己的想法。然而面对同一个话题，他写出的答案却内容幼稚、毫无条理、笨拙不堪，这让大多数教育工作者感到困惑。当超常儿童在各科的学习中表现出明显的困难或非常缓慢的进步时，需要调查确认是否为某种特殊的学习障碍。阅读障碍、书写障碍（dysgraphia）和计算障碍（dyscalculia）等名词也可以用来描述这些症状。

与双重特殊儿童的任何一种类型一样，超常儿童会掩盖他们的学习障碍，这很常见。

有时，他们的能力掩盖了他们的障碍，他们利用自己的认知能力来弥补弱点。例如，有阅读障碍的超常儿童可能知识渊博，有丰富的知识储备，在阅读时表现出高于平均水平的理解力，但仔细观察会发现，他们将字母的声音连起来，拼成单词的能力与他们的整体认知能力之间存在差异。其他一些时候，他们的障碍掩盖了优势。有书写障碍的超常儿童可能永远不会被认为是超常儿童，因为他们的书写水平低于平均水平，他们无法展示自己的知识和能力。还有一种可能，他们的弱点和天赋相互掩盖，进而很难确认他们是超常儿童还是有学习障碍。《精神障碍诊断与统计手册》（第五版）（DSM-5）描述道，特定的学习障碍会出现在有天赋的个体身上，但可能表现得不太明显，直到情境需求超过了他们的补偿能力，也即有可能出现掩盖和延迟发现的情况。

阅读障碍。阅读障碍是一种常见术语，指的是某些类型的阅读困难，它会影响一个人的写作、拼写和处理语言的能力。患有阅读障碍的儿童很难将语音与我们在书写中所使用的符号联系起来；它不是视觉处理障碍。在阅读和书写中颠倒字母常被看作阅读困难的标志，这可能是因为孩子把字母的读音弄混了。比如，p和b在书写的时候可能会写反，读的时候可能会读错，因为嘴巴在发出"puh"和"buh"时，发音的方式是一样的，尽管一个声带振动（buh），另一个声带不振动（puh）。阅读障碍通常与掌握事物的顺序、拼写、辨认时间、写作等方面的障碍有关。

"隐性阅读障碍"（stealth dyslexia）一词描述了一种非常常见的情况，即超常儿童的认知能力掩盖了阅读障碍的存在。这些学生可能在某些阅读测试中成绩合格，所以没有人注意到他们的阅读障碍。例如，孩子的阅读能力通常是通过他们阅读一篇文章后如何回答理解性的问题来评估的。有些聪明的学生有很丰富的背景知识，他们可以利用上下文的线索来填补文章的空白，准确地回答理解性问题。然而，如果你让他们读出或者拼出一些没有意义的单词，比如ip、bor，或者grig，他们将字母分开，并读出正确发音的能力可能差得让人惊讶。

多感官项目对有阅读障碍的学生有帮助，这些项目重建了他们大脑中声音与符号连接的神经通路，这是流畅阅读必需的神经通路。多感官项目的黄金标准基于奥顿–吉林厄姆（Orton-Gillingham）的阅读干预，它系统而明确地教授了语音的基本组成部分。这些项目对超常儿童的一个好处是，它们成功地发现并填补了超常儿童用能力弥补障碍时创造的空白。

也可以使用辅助技术支持有阅读障碍的超常儿童，大量的技术工具可以帮助他们。从小学习打字，使用文本转语音的应用程序，有声书和拼写检查，这些都为他们提供了便利，帮助他们解决阅读困难。

书写障碍。挣扎于书写障碍中的孩子们会遇到各种各样的问题，这些问题会影响他们的书面写作能力。一些孩子精细运动能力不好，导致书写不佳，使得他们能不写就不写。有的孩子找不到合适的词语表达自己的想法，这阻碍了他们的书面表达。还有一些学生的书写能力受到阅读障碍的影响，发音的困难导致无法拼写和写作。

相比写作，有书写障碍的超常儿童在说话时更容易表达自己。家长和老师会发现，对这些孩子来说，由于书面表达很困难，因此，当把想法落在纸面上时，他们会简化自己的想法，甚至是过度简化。他们能说出大段的论述，却只能写出很短的句子，小心用词，只使用他们能够轻松写出的词语。他们可能忽略基本的语法规则，比如不写标点符号和不注意字母的大小写。

一些便利的服务可以帮助那些有书写困难的孩子。比如，有书写障碍的超常儿童可以在开始写作前使用信息组织图（graphic organizer）等工具梳理他们的想法。老师或父母可以在孩子们就想写的内容进行头脑风暴时做记录，为他们完成较长的作业提供帮助。技术工具也提供了很好的便利条件。语音转文本软件帮助学生把想法落实在纸面上；文字处理软件中的语法功能帮助学生避免常见的书写错误。允许学生进行口试或做口头展示，提交口述的音频文件，而不是书面作业，可以帮助有书写障碍的超常儿童充分展示他们的能力和知识，减少书写障碍的影响。

计算障碍。计算障碍虽然不像阅读障碍那样广为人知，但与阅读障碍类似，计算障碍会影响一个人理解、运用数字和定量推理的能力。教育者经常讨论要培养学生的"数感"——一套与"多和少"、序数（第一、第二、第三等）等概念，以及认识不同可量化数量之间关系相关的通用技能。有计算障碍的孩子很难培养出数感。他们还可能在其他技能方面遇到困难，比如认识钟表、培养数学流畅性（解决基本数学问题的能力）、记住并按照步骤进行多步计算，以及阅读和解答应用题。

辅助的数学解决工具可以帮助有计算障碍的学生，比如乘法口诀表、计算步骤表。辅助技术也可以帮助学生，比如计算器和平板电脑或手机上的各种应用程序。有一些针对计算障碍的专项项目，类似于针对有阅读障碍的学生开设的奥顿-吉林厄姆项目，比如触觉数学（TouchMath）项目，可以帮助学生加强建立数感所需的技能，从而解决数学问题。

处理障碍

感官处理的差异。有证据表明，超常儿童的感觉更敏感，这种现象很普遍。[19]比如，他们会认为普通牙膏中的薄荷味很强，让人感到痛苦；他们也可能会因餐厅食物的气味而分散做手头事情时的注意力。当觉察这些细节对日常生活造成严重干扰时，就需要看看有哪些方法可以帮助他们，比如职业治疗。感觉处理障碍不是一个独立的诊断，感觉处理差异可能代表着另一种神经多样性。多动症患者可能意识高度清醒，或者容易因各种感官体验而分散注意力；在自闭症的诊断标准中，对感觉输入的反应是其中一项。

感觉处理的差异对我们的八种感觉系统都可能产生影响，这八种感觉系统是：味觉（味道）、视觉、听觉、嗅觉（闻）、触觉（触摸）、本体感觉（身体在空间中的位置）、前庭觉（身体如何运动），以及内感受（如何解释身体内部的感觉）。前五种是我们从小就熟悉的感觉，但你可能没听说过后三种。经常撞到东西、笨手笨脚的孩子，可能在与本体感觉做斗争；另一个孩子可能通过在椅子上摇晃或踱步来寻找前庭的刺激；一个分不清胃痛是因为生病、饥饿还是焦虑的孩子可能内感受意识较差。

那些与感觉统合做斗争的人可以分为两类：感觉回避型（对刺激极度敏感）或感觉寻求型（对刺激不敏感）。那些挣扎于感觉处理和感觉统合问题的人并不会"适应这种感觉"。虽然有证据表明，接触会使人对不喜欢的感官体验脱敏，但许多有神经多样性的人会告诉你，事实并非如此。在抚养有感觉处理障碍的孩子时，给他们的最好支持计划是为他们提供替代方案，这个方案要既不干扰感官功能，又能够让孩子充分参与到生活中去。职业疗法能够帮助孩子找到满足他们感官需求的方法。

中枢性听觉处理障碍（Central Auditory Processing Disorder，CAPD）。在社交活动中，我们大多数人都有过这样的经历：在嘈杂的背景音中努力听到对方的声音，跟上对话的节奏。过了一段时间，我们因为努力倾听变得过于疲劳，因而忘了谈话的主题。这种情形与患有听觉处理障碍的人的经历类似。患有听觉处理障碍的孩子努力在教室的一片"噪音"中学习代数，对他们来说，这种噪音相当于普通人在派对上感受到的噪音。关注和处理输入的信息太辛苦，以至于他没有获得任何信息。

听觉处理不同于听觉。通过基本听力测试的孩子仍然可能有听觉处理问题。例如，他们可能无法排除背景噪音，无法理解失真的语音，无法适应不熟悉的说话方式。他们会因为努力想要做到而感到疲劳，因此变得不那么专心。

患有听觉处理障碍但未被发现的孩子可能会表现出一些其他的障碍——听力不足、注意力不集中、语言发育迟缓，或学习障碍。他们在心智方面的技能和潜力很可能被忽视。斯科特·巴里·考夫曼（Scott Barry Kaufman）在他的《天赋异禀》（Ungifted）[20]一书中，描述了他的个人经历，他患有中枢性听觉处理障碍，却没有人发现，这引起了他的焦虑。听力学家是接受过识别和诊断中枢性听觉处理障碍培训的专业医疗人员。

环境的调整可以帮助有听觉处理障碍的孩子。让孩子坐在演讲者附近，能够清楚地看到演讲者的脸，这是简单又有效的方法。学校应该引进听力辅助技术，比如超短波扩音系统，它可以通过教室里的扬声器播放老师的声音。在黑板上或者在学生的桌子上写下指导内容，也是很好的调整方法。

注意缺陷多动障碍

据估计，每10个孩子中就有1个患有注意缺陷多动障碍。[21]在评估时，临床医生会判断孩子是否表现出以下三种类型的特征：注意缺陷主导型（Predominantly Inattentive）、过度活跃主导型（Predominantly Hyperactive）和混合型。虽然在过去，将注意力不集中和注意缺陷多动障碍分别诊断，但是现在，所有的注意力问题都属于注意缺陷多动障碍的范畴。

在很多方面，注意缺陷多动障碍都是一个不准确的词语。比起缺乏注意力或注意力不足，注意缺陷多动障碍更应该被描述为难以控制注意力。有些人很难忽略刺激（不论是环境的刺激还是自己内部的刺激），导致注意力不集中；还有人过于专注在某项特定的任务上，因而没有意识到周围发生的事情（过度专注）。

是患有注意缺陷多动障碍还是超常儿童？ 注意缺陷多动障碍患者和超常儿童可能表现出某些类似的特征。过去，美国精神病学协会（American Psychiatric Association）建议，在诊断超常儿童的多动症时要谨慎，他们发现："如果高智商儿童在缺乏学术刺激的课堂里学习，也可能出现注意力不集中的现象。"[22]很快就完成任务的超常儿童，会打扰其他正在学习的学生，这看起来像是多动症的表现；那些能快速处理信息，并在被点名之前将答案脱口而出的学生，也可能表现出多动症的特征。难以遵守规则是公认的可能患有多动症的迹象，[23]但超常儿童也会表现出类似的行为，尽管出于不同的原因。从低年级开始，特别聪明的孩子就开始质疑规则、习俗和传统，他们的强度使他们容易与权威进行权力斗争。

虽然某些与超常儿童有关的特征可能与多动症相似，但在诊断时，有多动症的超常儿童也会用智力弥补与注意力有关的行为。一项研究表明，与正常发育的多动症患者相比，有多动症的超常儿童在优势和不足的方面有着不同的特征，这使得没有经过超常儿童和双重特殊儿童方面训练的临床医生产生困惑，甚至误诊；[24]还有其他研究探讨了误诊或漏诊的可能性。[25]

注意力不集中/多动症应该是一种排除诊断，即在排除了其他可能的行为原因后做出的诊断结果。许多问题都可能导致注意力不集中、多动、冲动的症状，比如，抑郁、焦虑、学习障碍、专注于个人问题、不切实际的期望、情境的困难、由于能力和期望不匹配而产生的无聊、听觉处理障碍、脑震荡或者轻度的创伤性脑损伤、健康状态不佳、滥用药物、睡眠障碍导致的疲劳、不良的饮食习惯或饮食失调导致的精力不足，甚至是对药物的反应。心理学家要花时间排除许多其他的可能性，因此注意缺陷多动障碍是一种很难诊断的疾病，不能只依靠家庭医生。他可能在查看了学校工作人员或家长填写的问卷后，安排了10分钟与家长的会面，然后就判断孩子患有注意缺陷多动障碍。同样，家长应该质疑快速提出的让孩子服药的建议，比如："让他用这种药试一两个月，看看有没有效果。"药物治疗确实有助于集中注意力，但家长在让孩子服药前应该仔细考虑服药的必要性，以及药物可能带来的副作用。

"过度活跃"是父母形容超常儿童和多动症儿童时都会用到的词。如果观察过度活跃的目的，就可以看出两者之间的区别。超常儿童会表现出极高的能量水平来实现目标，这时的过度活跃就不是多动症的症状。能量散乱、毫无方向往往是多动症的特征。

值得注意的是，多动症患者可以很好地将注意力集中在他们喜欢的活动上，比如，搭乐高积木，玩"我的世界"（Minecraft），甚至对一些孩子来说，也可以是读书。与其问孩子是否能集中注意力，不如问他们如何在一项不喜欢的活动上集中注意。他们能不能做一件他们不想做的事情，比如做作业，如果他们需要做一件"无聊"的事情，他们能保持注意力吗？

既是双重特殊儿童又是有多动症的超常儿童。对于有多动症的超常儿童，坚持让学校老师看到孩子的这两个特征是很重要的。超前的智力水平可以掩盖多动症的症状，同时可以延迟诊断。[26]特别聪明的多动症儿童，在低年级时，只能在课堂上保持很短时间的注意力，但由于他们超前的知识储备和较高的智力水平，与同龄人相比，他们仍然在考试和作业中有出色的表现。

漏诊超常儿童患有多动症，其严重程度不亚于将超常儿童误诊为多动症患者。[27]如果没有发现一个年幼的孩子患有多动症，这个孩子可能会突然发现他在小学时使用的补偿性技能不足以满足初中或高中课程的要求。他会变得非常沮丧，不知道该做什么、该想什么。这会影响他的自尊、自驱力和社交关系。当孩子的行为引起学业、社交或自我概念障碍时，要让他进行临床检查，排除其他可能的疾病，这很重要。

执行功能。执行功能缺陷是一些多动症患者遇到的主要困难。这些功能主要是在大脑的前额皮质中执行的，前额皮质位于大脑前部，在前额下方；大脑是从脑干（颈部附近）向上向前发育的，所以这是大脑发育的最后一部分。

执行功能可以分为两大类：决策和行为调节。在支持患有多动症的超常儿童时，确定他们的执行功能困难为哪一种，可以帮助他们找到成功所需的调整和支持。例如，与其设定"在学校表现得更好"这样模糊的目标，家长和教育者可以引导学生学会估算完成任务所需的时间（与时间管理相关）。表3描述了不同的执行功能。

表3　执行功能

决策功能
计划/优先级管理：确定流程所需的步骤，并将其按逻辑顺序排列。
时间管理：准确地估计完成一项任务所需的时间，安排时间块，有效地完成任务。
组织：开发并维护一个体系，使自己能够轻松获得支持和资源。
工作记忆：在短期记忆中保存信息，比如多步骤指令。
元认知：反思、评估思维过程和行动。
行为调节功能
反应抑制：在反应之前暂停，克制而不是冲动地反应。
任务持久性：跟进一个多步骤的项目，直到项目完成。
任务启动：开始一项任务。
转移焦点：将注意力从一个任务转移到另一个任务。
持续关注：连续关注一项活动。
认知灵活性：根据情况调整预期；发现解决问题的新方法。

自闭症

在过去的10年里，我们对自闭症的理解突飞猛进。我们了解到自闭症作为一个谱系，是如何表现的，并且知道它以许多不同的方式影响个体，每种方式都各不相同。这使我们能够更好地支持并理解自闭症患者。神经多样性运动为自闭症患者提供了一个强有力的声音；我们不再仅仅将自闭症视为一种缺陷，而将它的优势和差异正常化，同时我们也认识到自闭症的某些特征可能是致残的。

我们开始了解到，认知天赋和自闭症之间存在联系。有证据表明，从遗传学角度来看，自闭症患者的等位基因与具有认知天赋的人的等位基因有很大的重叠。[28]在许多情况下，自闭症患者的整体认知能力属于智力残疾的范围；然而，与非自闭症患者的同龄人相比，自闭症患者在超常的范围内获得全面智力得分的可能性是正常人的1.5倍。[29]有自闭症的超常人群的认知特征经常出现的模式为：语言理解能力很高，而处理速度明显较低。[30]

自闭症患者主要在两个方面受到影响。第一个与沟通有关；第二个与对日常习惯和一致性的适应有关。值得注意的是，这些特征在每个自闭症患者身上的表现都是不同的。自闭症患者的社交习惯包括：

- 参与正常对话的差异，比如不经常分享情绪，不确定如何回应或发起社交互动。
- 接受和表达非语言交流的差异，比如语气、眼神交流或面部表情。
- 对关系预期的差异，对喜欢的游戏类型预期的差异。

自闭症患者经常在日常习惯和一致性中找到安慰（这一点在诊断手册中被称为"受限制的、重复的行为模式"）。通常，自闭症患者至少表现出以下四种特征中的两种，他们也可能同时表现出这四种特征。

- 重复的动作或说话模式（例如，踱步、弹跳、摇摆等"刺激"行为，或者反复使用相同的短语）。

- 对一致的事物感到舒适，无法适应意料之外的变化，或因此感到苦恼。
- 有特殊的兴趣爱好，这种兴趣非常强烈，经常排斥其他的兴趣。
- 对感官刺激（比如噪音、灯光、纹理等）不敏感或超级敏感，导致感觉寻求或感觉回避行为。

由于双重特殊的个体经常掩盖或伪装他们与众不同之处，患有自闭症的超常儿童和青少年的病症往往比同龄人更晚被发现。《精神障碍诊断与统计手册》（第五版）指出，虽然自闭症的症状肯定会在年轻时出现，但它们"可能直到社会需求超过个人能力时才会完全显现，也可能被后天习得的策略所掩盖"[31]。换句话说，不能仅仅因为超常儿童小时候没有被确诊为自闭症就认为他们没有自闭症。许多超常人士直到高中、大学甚至更晚的时候才被发现患有自闭症。

超常、自闭症，还是两者兼而有之？ 区分超常和自闭症的过程可能是棘手的，关于自闭症的污名也为相关的诊断增加了额外的障碍。虽然超常儿童和自闭症患者的许多特征可能发生重叠，但寻找这些特征背后的原因可以帮助我们理解他们的行为。表4描述了这些重叠的行为以及它们与超常和自闭症之间的联系。

表4 与超常和自闭症相关的特征

特征/行为	与超常的联系	与自闭症的联系
在社交和沟通方面有困难	超常儿童和青少年可能很难与那些能力和兴趣都与自己大不相同的同龄人建立联系。而且，孩子们被贴上超常标签后遭受的社交歧视，会对他们造成一定的社会压力，尤其在他们进入青春期后。	自闭症患者可能在社交和人际关系方面有不同的喜好。他们可能会更喜欢独自工作或玩耍，可能会误读基于正常社会规范的社交互动。向他们解释社交沟通的潜在含义可能会造成障碍。
在识别/分享情绪方面有困难	当超常儿童找不到合适的词语来解释自己微妙的情绪时，他们可能会感到沮丧。用语言表达情感是有弱点的，完美主义的超常儿童会对此感到不舒服。	自闭症患者可能难以识别自己的情绪。这可能与他们的感官差异有关，比如对与情绪相关的身体内部信号不敏感（比如感到害怕时，注意不到自己的心率加快）。

特征/行为	与超常的联系	与自闭症的联系
在认知灵活性方面有困难	超常儿童通常对"公平"或"正确"的做事方式有着非常严格的想法，因为他们具有强大的逻辑思维能力，这使他们的信念合理化。而且，他们也习惯了自己是对的，改变他们的期待就好像是让他们承认自己错了。	患有自闭症的孩子和青少年需要一致性，这样他们才能知道在特定的情况下会发生什么，他们该如何互动。没有事先通知，或者出于不明理由的改变会让他们情绪失调，尤其是当这个孩子在自我辩护和沟通技巧方面也有困难的时候。
有强烈的兴趣或热情的领域	和同龄人相比，超常儿童和青少年可能对某个领域有更强烈的热情或者有更成熟的见解。在学校里，他们可以参加与这个话题无关的活动或者谈话。	对自闭症患者来说，他们的特殊兴趣通常就是他们所做的事情或者他们所谈论的事情。利用特殊的兴趣来建立人际关系和社会联系是非常有用的办法。自闭症儿童可能很难参与或谈论与兴趣无关的话题。

你可能会听到人们使用像"高功能"（high-functioning）这样的术语来描述自闭症，在谈及自闭症和双重特殊时，这样的说法会让人感到困惑，主要有如下几个原因：首先，这个术语不再被用于诊断。其次，"高功能自闭症"最初是用来描述自闭症患者能够在社会上生存得很好的术语。这意味着他们在沟通和基本生活技能方面通常是能够自立的。最新的《精神障碍诊断与统计手册》指定了支持的级别（一级为最低支持需求，三级为重要支持需求），而不是功能标签。然而，当谈到双重特殊时，有些人将高功能与高于平均水平的认知能力混为一谈。患有自闭症的超常人士可能会根据环境和具体情况有不同的支持需求，这与他们的一般认知能力无关。

正确的诊断很重要。如果患有自闭症的超常儿童仅仅被认为是古怪的超常儿童，他们将无法得到诊断，也无法接受可能对他们有帮助的治疗。[32]准确的诊断是他们今后获得帮助和支持的关键，因为他们越了解自己，就越能够为自我辩护。

切实可行的解决方案

• 当孩子出现无法解释的或明显的粗心错误时，应该仔细评估他们是否有感觉统合缺陷、学习障碍或其他神经系统的问题。家长和专业人士应该观察孩子对环境的反应。例如，有些孩子会经历感官超载，因此无法完成任务。还有的孩子会在过于简单的课程中表现得不专心。一旦对超常儿童的缺陷进行正式而准确的诊断，父母和老师就可以确定并实施适当的教育干预来解决这个问题。诊断还可以帮助超常儿童更好地了解自己的优势和不足，增强自我理解和自尊。误诊或漏诊不仅会导致不恰当的干预，还可能导致正确干预的不足。

• 在对双重特殊儿童解释诊断结果、为他们进行教育规划的过程中，始终要考虑到超常的内容。教育的选择应该符合孩子的能力，并且应该利用长处来弥补不足。要解决两种情况（天赋和障碍）所引起的问题，而不是用非此即彼的方式解决其中一种情况引起的问题，这很重要。当超常儿童知道自己的情绪和行为的哪些部分与天赋有关，哪些是他们其他的特点时，他们会感到轻松。有了对这些行为的准确解释，超常儿童就可以用他们的智力理解他们的诊断意味着什么，以及它不意味着什么。

• 如果你认为你的孩子可能是双重特殊的超常儿童，请考虑做以下事情：（1）对孩子进行一次全面的评估；（2）了解全面的学习概况，了解孩子在学习和行为方面的优势和不足；（3）设计一个在家庭和学校实施的教育、治疗和游戏方案。

• 在计划中，要采取三种基本方法。首先，尽可能使用有助于"重新连接"大脑的补救措施，指导、教授孩子如何培养技巧、开发技能，或者请家教辅导孩子学业中薄弱的科目。其次，使用补偿策略，帮助孩子利用优势克服弱点。例如，利用孩子在可视化方面的优势帮助他培养组织能力。第三，在需要的时候使用便利设施。例如，一个书写不好的孩子可能会用键盘来写作业。便利设施并不是让孩子不做功课，而是把孩子置于最能促进教育和技能发展的环境中，让他能够最大程度地展示自己的知识和技能，同时把自己弱点的影响降到最低。

• 尽早启动修复过程是非常重要的。因为孩子们处于快速发育的状态，他们的大脑在小时候更容易被重新连接。"培养孩子比改造成人容易"这句话适用于此。如果他们未被诊断或被误诊，双重特殊儿童可能会陷入缺乏知识、缺乏教育的情况，而这本来是可以避免的；他们发生药物滥用和心理问题的风险也更高。对双重特殊儿童的早期评估和诊断有助于解决这些被忽视的问题，使孩子免遭沮丧和低自尊的困扰，这些困扰可能会持续很多年。

第三章
养育超常儿童的复杂性

每个家长都希望自己是成功的，但是成功的定义是什么？目标是什么？超常儿童的家长有七个重要的任务或目标：

- 接受并欣赏孩子的独特性。
- 帮助孩子喜欢自己，与他人和谐相处。
- 与孩子建立积极、信任的关系。
- 帮助孩子在家庭中找到归属感。
- 培养孩子的价值观。
- 教孩子自我激励、自我管理、自律。
- 让孩子发现自己的热情所在，并鼓励他去探索。

本书将重点介绍一些方法和技巧，来帮助你实现这些目标。我们发现，父母对什么是合适的育儿方式有着截然不同的看法，他们采用的方法通常与自己的成长方式有关。没有最好的养育方法；要因材施教。对你家来说，最好的方法就是你和你的伴侣达成一致，始终如一地实现上述目标。

错误是生活的一部分，也是养育子女的一部分。我们的养育方式并不总是如我们所愿。正如心理学家海姆·吉诺特（Haim Ginott）所说的那样，没有父母在早上醒来时，会计划今天一有机会，就要大喊大叫、唠叨和羞辱他们的孩子，让孩子不好过。尽管我们的初衷是好的，但我们会发现，自己有时会说出一些言不由衷的话，或者会用我们不喜欢的语气说话。我们从这些事情中吸取教训，并不断努力改进，这才是明智之举。

就像生活的许多方面一样，成为一个成功的父母涉及一些机会或运气的因素。许多父母似乎做了所有"正确"的事情，但他们的孩子仍然不像他们希望的那样。

为人父母是一种非常谦卑的经历。我们必须奋斗到底，尽我们所能。随着孩子的成长，我们必须相信我们已经奠定了坚实的基础，向孩子们灌输了正确的价值观，但我们无法立即知道我们努力的结果，可能需要很长一段时间才能看出来。我们希望这本书能帮助你种下成功的种子，日后你能够看着它们开花。

现代育儿的影响

做一个超常儿童的父母需要大量的时间、精力、耐心，有时甚至让人疲惫不堪，而且现在的情况比几十年前更复杂。与我们父辈的童年和我们的童年相比，现在的养育方式在很多方面都发生了变化。在我们祖父母的时代，父亲常常把小男孩带到柴棚里，用皮带抽打他。如今的育儿方式更加民主，惩罚更少。过去，孩子们在家里，却没有人聆听他们的声音，现在，我们知道要鼓励孩子与我们交谈，分享他们的想法和感受，这是健康的方式。我们对孩子的期待也不同了。随着年轻一代父母努力收集最新的研究成果和专家的建议，权衡新信息与传统的价值观和做法，育儿方式也在不断地发生变化。

此外，社会的变化削弱了父母对孩子的影响，减少了大家庭内其他成员的支持。现在，家庭成员的住所可能离得很远。科技、消费和同伴的影响越来越大，已经成为影响孩子的重要力量。这些只是现代养育子女困难的一部分。面对所有这些变化，家长必须找到合适的方法，照顾好自己、家庭和亲子关系。

流动性。美国普通家庭搬家的频率和过去相比要高得多。过去，一个家庭在同一个社区生活20年甚至更长时间，他们依赖熟悉的邻居，大家都知道彼此孩子的名字，因此有一种安全感。家长们知道，如果他们的孩子在邻居家调皮捣蛋，有人会纠正他们。现在，随着一次次搬家，社区内的家庭彼此疏远，许多家庭都不知道邻居的名字。我们在社区里失去了姓名。跨区域搬家意味着孩子们见亲戚的次数也减少了。大家庭里的其他成员可以为孩子提供稳定感、归属感和庇护，但现在，他们可能会发现，虽然技术进步了，有了视频通话等工具，但人们很难保持远距离的关系。

过去，在家庭聚会上，人们会谈论各自的经历，包括这个人或那个人经历了什么，或者这个人或那个人是如何取得成功、如何应对灾难和失败的。孩子们无意中听到这些故事，或者在回家的路上询问父母。这些聚会和交谈将家庭的价值观、传统和归属感代代相传。孩子们了解到自己的小家是如何融入更大的家庭环境中的——它们之间有何相同和不同之处。

到了21世纪，我们在生活方式上有很大的自由；我们可以选择在哪里工作和生活，做什么工作。我们甚至可以不住在我们工作的地方，因为远程工作比之前更容易实现了。然而在许多方面，我们变得更孤独。我们失去了邻居，也没有住在家人附近，我们享受不到他们带给我们的好处：他们对我们家庭的生活保持着兴趣，我们与他们分享在假期和在其他特殊场合的见闻。我们犹豫要不要在新的社区内建立社交网络，因为我们知道，几年后我们可能会再次搬家。

当家庭成员的住所距离很远时，一旦有人出现问题，其他家庭成员很难提供支持。例如，有人遇到事故，被紧急送往医院，家庭成员不能简单地开个车就来到他的病床边。当出现关系问题时，家庭成员也并不总是能在那里倾听。他们可能会打电话或通过视频联系，但无法产生身体接触。过去，人们向家人求助，现在，他们转而向朋友或咨询师求助。而且人们经常等到问题严重的时候，才和别人交谈。流动性带来了自由的同时，也带来了隐性成本。

离婚和再婚。 近年来，离婚率和再婚率急剧上升，导致许多家庭破裂。即使是和平分手，也会对父母、孩子、朋友，甚至祖父母和大家庭中的其他成员产生长期的影响。这些后果对超常儿童来说可能更为严重，因为他们的情绪敏感。不管父母是否居住在同一个城市，监护权的问题都会带来额外的困难。即使是最公平的监护权安排也会扰乱家庭生活。虽然孩子们的适应能力很强，但在两个家庭间穿梭是很困难的，因为它们有不同的期望、规则和生活习惯。

离婚几乎都会带来整个家庭的沮丧、失望和幻灭，这无疑会影响到子女的养育和家庭关系。家庭中可能会频繁出现疏离、不信任和沮丧。家庭和生活的不确定性带来了压力和焦虑。再婚和重组家庭带来了更多的不确定性。调整一般都很困难。

更快的节奏。20世纪70年代末，未来学家和美国劳工部预测：到世纪之交，计算机和其他技术将取代许多工作岗位，我们每周只需要工作四天；企业会有托儿所，我们每年会有更多的假期。人们将有更多的闲暇时间，未来主义者鼓励我们着手规划和培养兴趣爱好，来打发闲暇时间。现在，我们来到了21世纪，现实却大不相同。我们大多数人都感受到了前所未有的压力。曾经的疫情给我们的生活增加了不同程度的压力。工作日程被打乱，工作要求越来越高。虽然有些人可以远程工作，但还有些人需要通勤，并且仍然把工作带回家。即使在周末，人们也有一种紧迫感，想要提高工作效率。对许多人来说，"闲暇时间"变少了。信息无处不在，社交媒体占用了我们的时间。更快的生活节奏让家长和孩子们相处的时间更少了。

史蒂芬·柯维（Stephen Covey）在他的畅销书《高效能人士的七个习惯》（*The Seven Habits of Highly Effective People*）中指出，我们经常对紧急的事情做出反应，而不是对重要的事情。晚饭后帮助孩子做家庭作业可能比接紧急的商务电话更重要。如果我们注意到什么是"重要的"，而不是"紧急的"，我们就能缓解一些压力。

没有什么是难以想象的。在线信息的获取越来越快速、便捷，还会产生另一个意想不到的后果：我们的孩子所接触到的行为和事件，是前几代人根本无法想象的。孩子们在网上听到、看到同龄人正在进行不安全的行为，他们看到可怕的、令人不安的事件正在发生。例如，他们看到死亡、战争和贫穷，而超常儿童的敏感、强度、同情和道德正义感往往使他们受到这些新闻报道的强烈影响。

令人不安的榜样。不良榜样一直都有，但现在更容易看到。人们不仅可以接受对自私粗鲁的角色进行不切实际的描绘，还认为他们是幽默的、有价值的、值得模仿的。有些节目把聪明、有才华的孩子塑造成被嘲笑的喜剧人物，而不是值得尊重或重要的人。当聪明的孩子在媒体上被嘲笑时，所有的聪明孩子的自尊心都受到了伤害。

有时，父母表现得无能。当父母在媒体上被嘲笑时，成功的抚养变得更加困难。同龄人和社交媒体对孩子的影响可能比父母更大，这种情况在上几代人中从未出现过，这给养育孩子增加了一层困难：父母必须更密切地监督孩子的线上行为。

消费主义和技术。 与大多数国家相比，我们的经济水平和生活水平都很高：我们拥有丰富的食物、衣服和奢侈品。人们的压力是要挣很多钱，住在舒适的房子里，买两辆车，购买所有新款的玩意儿。总有人诱惑你，让你买东西。他们告诉我们，我们拥有的还不够。例如，给年幼的孩子买手机的压力来自四面八方。不幸的是，在这些技术进步中，有些已经成了家庭关系的障碍。如今，比起和父母或其他家庭成员共同参与活动，许多孩子更愿意刷社交媒体。在一些家庭中，外出就餐意味着在上菜前，大家都"孤独地在一起"。如今，孩子们和朋友出去玩、去图书馆借书、做点什么、和爸爸妈妈一起做饭的次数都变少了，他们也没有什么时间玩想象性的游戏。我们需要以不同的方法管理技术，让它不会取代其他形式的游戏和人际互动，以免对人际关系产生负面的影响。

可能所有这一切听起来都令人沮丧，是这样的。这就是我们所生活的社会。虽然我们确实面临障碍，但身为父母，当我们直面这些障碍时，我们可以做很多事情来抵消它们的影响。我们可以在自己的家中采取行动，抵消或减少它们的影响。

家庭平衡

家庭可以被看作一个个体和关系相对平衡的系统。当具有挑战性的事件发生时，无论是在系统内部还是在系统外部，都会出现短暂的失衡，而后，随着重新调整，家庭达到新的平衡。达到新的平衡所需的时间将取决于破坏的程度。新的模式可能更健康、更令人满意，也可能不是。新平衡的质量将取决于家人间的沟通，以及在令人不安的事件中对关系的处理情况。

随着时间的推移，压力和危机——或小或大——会在所有家庭中发生，并改变家庭成员之间的关系。进入一所新的学校，搬迁到一个新的社区，离婚，严重的事故或疾病，有人离开家去上大学或结婚，这些都会使家庭出现短暂的不稳定的时期，需要重新调整以达到新的平衡。一旦有人发生改变，其他人就会做出反应和调整。有新的角色出现，也会导致失衡，尤其是对孩子们来说。有时兄弟姐妹之间的竞争会加剧，孩子们的自尊心会提高，有时家庭传统会变得更加重要，有时孩子们会出现成绩下降、叛逆、退缩或其他意想不到的行为。向你的孩子保证，他们在家庭中基本的安全感和归属感不会受到威胁。花点时间安抚孩子，帮助他们理解生活总是包含着变化，变化包括失去，而失去会带来新的机会。

重组家庭和继父母

最引人注目的不平衡的例子发生在父母再婚，组成重组家庭的时候。两个父母，各自带着前一段关系中的孩子，他们有着不同的做事方式，将要共同组建一个新的家庭。如果你遇到过这样的情况，就会知道其中的艰难。两个父母都已经和自己的孩子共同生活了很多年。关于孩子和另一个家长的角色，已经形成特定的模式、传统和期望。第二次和第三次婚姻的失败率证实了重组家庭的困难程度。

继父母如何与超常的继子女建立关系？这取决于孩子的年龄和性格。明智的做法是采取一种不慌不忙的方式，花大量的时间观察、倾听孩子和你的伴侣，你的伴侣与孩子相处的时间要比你长得多。如果作为一个继父母，你没有看到超常儿童早期的发展和他们的"怪癖"，你就失去了能够帮助你与他们建立牢固关系的关键信息。这些信息将帮助你了解超常儿童与其他儿童的不同之处。你与继子女建立的关系可能与你和自己孩子的关系不同，前者需要开放性和敏感度。让这段关系以自己的节奏发展，不要强迫发展。

对于家庭来说，在努力建立个人关系和承担新的养育责任的同时，立即融合两种不同的、正在使用的养育方式是极其困难的。如果一个或多个继子女的能力和天赋与其他孩子截然不同，情况就更具挑战性了。可能需要几年的时间才能让每个人都感到舒服。

当父母中的一方成为亲生孩子的代言人，或者觉得有必要把孩子从继父母的愤怒中解救出来时，重组家庭中经常出现的困境就出现了。这不仅阻碍了继父母与继子女建立关系，也忽视并削弱了孩子表达自己的能力。让孩子利用自己的时间、以自己的方式、使用自己的语言与新的父母建立联系可能很困难，但这对发展积极的关系是有益的。

父母也要照顾好自己

日常生活的压力会让父母感到不堪重负。孩子的要求让他们没有多少时间照顾自己的个人生活，也没有时间联系朋友，发展兴趣爱好。课外班和课外活动给家庭预算带来了压力。你可能会觉得家长有责任让这些充满潜力的孩子们过丰富的生活，但是为了他们，你能牺牲多少自己的个人生活？就像你为每个孩子留出特别的时间一样，你也必须为自己留出时间。如果你不花时间给自己充电，就没有精力给到别人。

父母需要与其他成年人建立关系。照顾好自己也意味着与你的伴侣和好朋友保持良好关系。有些父母通常自己也曾是超常儿童，他们过于专注自己的事业，而忽视了其他关系。平衡职业需求、与其他成年人的关系和孩子的需求是一项艰巨的任务。父母很容易过于专注工作，或者醉心于自己的孩子，而忽略了其他的关系。腾出时间，做点什么，不带孩子，只有你和你的伴侣或朋友。这些特意留出的时间对于健康的关系是必要的。比如约会之夜、一起在花园里工作，或者只是散散步，这样的活动向孩子们展示了平衡的生活，同时，也滋养了你的关系。没有什么能代替父母在家庭中的作用，他们作为合作伙伴，一起为孩子们提供家庭的稳固感和安全感。

当你思考自己的需求时，也要想想你为孩子树立了什么样的榜样。你如何照顾自己的智力需求、情感需求、社交需求和精神需求？孩子们需要看到一个大人如何实现生活的平衡，而家是他们最佳的学习场所。孩子们还需要看到大人如何与他人保持关系，以及与之相关的技能，比如如何关心他人，如何公平地争论，以及如何解决冲突。

养育超常儿童对双亲家庭来说是很累的，对单亲家庭来说更是如此。除了缺乏来自另一个关爱孩子的大人的身体、道德和情感上的支持，单亲父母通常还有额外的经济压力。在家里，没有人能一起讨论抚养孩子的问题，也没有人能偶尔接管抚养孩子的任务，这让人筋疲力尽、身心俱疲。如果你是单亲爸爸/妈妈，你需要额外的支持，避免陷入疲惫。朋友、亲戚或祖父母可能会在你需要的时候帮助你，让你可以休息。

不要强迫自己成为无所不能的家长！允许自己感到疲劳、担心，允许自己犯错。当你的孩子知道自己是被爱着的，他们会原谅家长的错误。请你放心，这没有问题，如果你不知道所有问题的答案，也不总是对的，那就更好了，因为孩子是很难跟上"无所不知"的父母的节奏。例如，一个小男孩自豪地描述了他的发现：汉尼拔第一次带着大象跨越了阿尔卑斯山。结果他的父亲告诉他，汉尼拔的叔叔几年前就带着大象走过了这条路。这位父亲完全没有意识到他百科全书式的知识对其他家庭成员造成了多大的伤害。因为害怕被父亲质疑或者被父亲贬低，孩子们将不再描述事实，阐述观点。那些有天赋的、感受强烈的、永远正确的父母会对他们的家庭产生强大的，有时甚至是有害的影响。

有天赋的成年人

当然，许多超常儿童的父母本身在智力和创造力上都有天赋，这并不奇怪。读这本书的时候，你可能会发现，超常儿童的某些特征——比如感受强烈、敏感或高能量水平——同样适用于你，即使你现在已经是一个成年人了。天赋不会因为你离开了学校就消失。有意识地培养觉知，了解你的天赋是如何影响你的期待，影响你与家人的沟通，影响你与同事和上级的关系的。和超常儿童一样，你热情、理想主义、关注正义、完美主义、急切，这些可能是你的长处，也可能是障碍。你甚至会发现原来一些个人的不满的根源，是你的天赋特征。和家里人谈谈做一个超常的成年人意味着什么，这可能会很有帮助，因为你应该不是家族里第一个超常的人。

第四章
关系的关键：沟通

积极的人际关系是超常儿童是否会成功、会关心他人、会对社会有贡献的重要决定因素。沟通在任何关系中都是至关重要的部分，父母和其他重要的大人在培养孩子的沟通技巧方面起着关键性的作用。

从孩子出生的那一刻起，沟通就通过日常的行为发生了，关系也就开始了。家长试图从婴儿的哭声和其他行为中了解他的需求，并通过提供食物和安慰来回应。在家长说话时，孩子会随着他们的声音微笑或咿呀学语。父母鼓励婴儿对他们微笑，并发出声音回应，他们和孩子的关系因此而加强。孩子们也学会了期待，学会了如何取悦他人，学会了对人笑（微笑或笑出声），学会了说"哒哒"和"妈妈"，然后，他们学会了交流，能说出自己想要的和需要的东西。随着时间的流逝，孩子慢慢成长，他们的人际关系逐渐发展，沟通方式发生了改变。

随着孩子们的成长，他们变得更加独立，与他们沟通变得更加困难，尤其对那些在小时候没有与他们建立起牢固关系的重要的养育者而言。如果出现了重大的家庭危机，比如疾病、离婚或死亡，沟通就更有挑战性了。在这种情况下，孩子可能会"停止"与父母的沟通，更喜欢独自处理自己的想法和感受。只有牢固的关系才能重新开启健康的沟通。

沟通是任何关系的基本组成部分，在与孩子的关系中更是如此。在健康、开放的沟通下，家庭事务会处理得更加顺利，关系也会变得更加牢固。孩子在家庭关系中发展出自我意识，强有力的沟通建立了他的自尊和自信。有了这种经验，孩子便能学会如何在社会中与人互动，从而与其他人形成良好的关系。

你在示范什么样的沟通技巧？

孩子们主要通过三种方式学习沟通和处理人际关系的技巧。第一，通过父母与他们的互动；第二，通过观察父母与他人的互动；第三，通过自己与他人的互动。父母的行为方式，特别是在出现分歧的时候和惩罚的时候，可能会增强彼此间的信任，使彼此变得更加开放，进而促进健康的沟通，也可能会起到截然相反的效果。例如，提高嗓门、大喊大叫或表现出攻击行为会吓到孩子，使他们不愿冒风险进行公开分享。相反，用以"我"开头的表达方式[1]进行开放而自信的交流，可以增强信任。以下一些建议，改编自心理学家马丁·塞利格曼（Martin Seligman），用来示范如何在关系中积极沟通：

- 示范控制愤怒。放慢节奏；花点时间冷静下来。你可以这样说："在我们讨论这个问题之前，我要去后院冷静一下。"
- 不要在孩子面前批评你的伴侣，避免使用稳定的（permanent）、普遍的（pervasive）标签（例如："你爸爸总是……""你妈妈从不……"）。
- 如果你的孩子可能会听到你批评你的伴侣，请使用描述具体行为的语言，不要针对整体的个性。
- 不要"冷战"，还以为别人注意不到。
- 不要让孩子在父母之间站队。
- 不要在孩子面前和别人争论，除非你打算在这个谈话中结束冲突。
- 让孩子看到冲突和解决冲突是任何关系中很自然的一部分。看到冲突的解决过程能够帮助孩子学会在冲突中寻找解决办法。
- 让孩子远离成人问题。与你的伴侣达成一致，有孩子在场时，不要谈论某些话题。

沟通与感觉是相通的

好消息是，沟通障碍是能够克服的。首先，请牢记，所有的交流都包含着重要的情感成分。你的语音、语调、声调的变化、音量、身体语言和手势，都传达了你的感受。这些感受会影响孩子对你想说的内容的接受程度、理解和反应。举个例子，请像平常一样说出英文字母表的前四个字母，再分别用愤怒、悲伤和快乐的方式读出它们。虽然读的内容是相同的，但请注意，每次你所传递的情感，因为你语音语调的变化而出现巨大的差异。作为孩子的榜样，我们不能忘记我们声音中的情感成分，必须注意我们所表达的语言和感受。

其次，请认识到情感的交流也出现在行为中。当一个孩子摔门、跺脚或翻白眼时，我们知道他有情绪，但我们更有可能批评这种行为，而不是对产生这种行为的感受做出反应，尽管孩子是先有了感受，后做出行为。认识到情感在行为中起重要作用，这能够改善与孩子之间的沟通。你可以这样说："我知道你真的很生气，我希望你告诉我你为什么愤怒，而不是摔门。"通过这种方式，可以帮助孩子讨论他感到困扰的事情——如果当下他不愿意讨论，或许之后可以讨论。

情绪会影响孩子的学习成果、考试成绩，甚至是生命中的成功。虽然现在人们都认可处理情绪和人际交往的能力是一个人成功的重要因素，但一些超常儿童的父母和老师会淡化情绪的重要性，认为它们是孩子学业发展之路上的拦路虎，而学业成功，才是他们认为最重要的目标。近年来，疫情所带来的压力让人们重新关注情绪稳定和心理健康。

忽视、回避、试图控制或贬低孩子的感受会向孩子传递这样的信息：感受不重要，情感发展没有价值。这些负面信息显然会影响沟通和人际关系。试着想象一下，每次在你心烦意乱的时候，都有一个更高更大的人俯视着你，生气地说："你没有权利那样想！"或者说："你不应该为此生气！"感受是个人体验，对正在经历的人来说，感受非常真实。判断一个孩子的感觉是"错的"，就像判断不自觉的肌肉反射是错的一样，是不恰当的。孩子们需要学会觉察自己的真实感受，而不是他们应该有什么感觉，或别人希望他们有什么感觉。当然，孩子也需要了解情绪是如何影响他们与他人的沟通的，并学会管理与情绪有关的行为。

给感受命名

孩子们并不是生来就知道用什么词语描述他们的感受的。了解自我和管理自我的一部分内容是学习给情绪命名，以便更好地与他人沟通。这听起来可能很简单，但是，小朋友们并没有丰富的词汇来表达他们的感受，他们主要使用一些基本的词语，比如"悲伤""疯狂""生气""高兴"。随着孩子的成长，父母可以用其他描述性的词语来扩展他们的词汇库，比如"沮丧""恼火""骄傲""羞愧"。关注孩子的大人也可以通过积极准确地指出孩子的感受来帮助他们，比如，"我注意到你对你的作品感到沮丧"或"哇，你看起来很兴奋"。识别并说出感受的名字是管理它们的第一步。孩子们可以通过对话和模仿学习识别感受，了解它们对沟通和关系的影响。有一些书籍可以帮助孩子们识别、习惯并理解强烈的感受。作为父母，如果你明白感受通常来源于一些更深层次的问题，会很有帮助。你在表面上看到的感受可能反映了更深层次的担忧。感受的产生通常是由于潜在的信念和担忧，最好多关注潜在的问题（即孩子的信念），而不是当下争论的话题。例如，愤怒可能是显露在外的情绪，而潜在的想法是自己被冤枉了。

注意不要给孩子的感受贴上错误的标签，告诉她"她真正的感受是什么"，好像你比她更了解她的感受。"你不是真的生你哥哥的气。我知道你爱他。你现在只是累了。"这种说法会让孩子困惑。首先，父母否定了孩子在那一刻感受到的真实而强烈的情绪。其次，父母对孩子的感觉和行为都做出了假设，这些假设在孩子看来可能是错误的。最后，父母暗示这种感觉是不合理的，这不仅会降低孩子的信心，让她质疑自己能否识别、接纳和管理情绪，还会让她在日后不愿意与父母分享自己的情绪。

超常儿童不仅有突出的智力，还有着异常强烈的情感。虽然他们和其他人的感受相同，但他们的体验更加强烈，因此，对超常儿童来说，识别和确认情绪尤为重要。学会表达情绪、管理与情绪有关的行为，对这些感受强烈的孩子至关重要。

超常儿童因为有天赋而受到惩罚

有时，超常儿童会因为自身的某些特征而受到惩罚，尽管惩罚他们的成年人不是故意这样做的。超常儿童的行为和思维方式从小就不同寻常。父母经常用"难搞""有挑战性""犟"来形容他们。再进一步，他们会使用"固执""好争论""专横""傲慢""喜欢评价别人""完美主义""苛责自己""标新立异"等词。有些评价来自真实的困惑，为什么这么聪明的孩子却记不住某些简单的任务和职责？或者，某些大人想说的是超常儿童"和其他孩子没有什么不同"。当然，超常儿童至少在一个方面与普通孩子不同。超常儿童身边的人经常对他们的不同之处做出消极的反应，却未曾考虑这些评价对孩子的影响。

毫无疑问，超常儿童的好奇、强度、敏感、理想主义和突出的技能水平是他们的优势，但这些优势也使他们看起来与其他孩子不同，从而影响他们的沟通和人际关系。父母可能会不经意间将批评的内容与孩子的内在特质联系起来，比如，他们会说："既然你这么聪明，怎么会忘了做作业？"这样的批评暗示孩子，如果他的天赋差一些，他可能更容易被接纳，受到更少的批评。如果老师讽刺地说"好吧，这个问题你终于答不上来了"，这告诉孩子，如果他知道得少一些，智商平平无奇，就更容易被接受，更受欢迎。当父母说"你为什么总是这么敏感"，孩子可能会感到被误解，并感到因为表露真实的感受而受到批评，因此以后不敢表现出真实的情绪。可悲的是，似乎越聪明的孩子——与标准差别越大——越有可能受到这样的批评。

当关心孩子的大人想要鼓励超常儿童、与他们社交时，这些大人所使用的方式，永远不会出现在他们与自己的好朋友或伴侣的对话中。例如，他们不会说，"你真的没有筹备好那次晚宴"，或者"我相信你下次可以做得更好；只要再注意一些细节就可以了"，或者"你没有别的事情可做吗？"。然而，超常儿童经常听到这样的话："我不敢相信你浪费了这么多时间。""你刚刚在想什么？我猜你什么都没想！"一个十几岁的孩子会认为，如果他没有这么聪明，可能就不会被那么多人说是"笨蛋"！这些负面信息表明，人们对超常儿童缺乏理解。在交流和关系中，敏感的超常儿童因为这些话深深地感到窒息，可能会导致不安全感和自我怀疑。因此，超常儿童可能会选择把自己的感受和观点藏在心里，或者慢慢相信不同的想法和感受是不被别人接受的；他甚至会得出这样的结论：他这个人有很严重的问题。

当超常儿童从别人那里得到强烈的反应时，他们可能会停止自然、坦诚、开放的交流，努力变得更"正常"——表现得更像其他孩子。一个经常收到负面评论的孩子可能会对所有的关系都失去信心，并在心里"竖起一道墙"，时刻戒备，并很少再与别人分享自己的感受。直到心里感到安全的时候，他们才会认为自己不再需要那道高高的防御墙。

养育超常儿童相当具有挑战性，经常令人感到挫败，大多数父母都会在某些时候说出破坏关系的话。你可能很生气，说出一些以后会后悔的话。发生这种情况时，要做出补偿，这很重要，要立即真诚地道歉，解释你为什么感到如此挫败、如此生气。生活中难免会有关系不顺的时候，学会如何弥补很重要。向孩子道歉的同时，你向他展示了人际关系是有弹性的，并示范了如何修复关系。这也在告诉孩子，你尊重并接纳他的感受，这可能会让你们重新开始沟通。

媒体和技术对沟通和关系产生的障碍

为了发展健康、积极的关系，人们需要花时间在一起，共同活动，交流想法和感受。在当今快节奏的文化中，父母和孩子会发现，他们大部分的时间是在应对那些看起来很紧急的事情，这干扰了他们之间的沟通和关系。从某种角度来说，手机和游戏机可以让人们保持联系，但也会把他们拉向许多方向，给交流造成障碍。如今，儿童和青少年每天花费几个小时在屏幕上。举例来说，2020年，疾病预防控制中心的报告显示，11岁至14岁的儿童平均每天花在屏幕上的时间增加到了9个小时。全球疫情改善了我们通过屏幕与他人联系的方式，但没有减少我们对屏幕的依赖。

虽然使用科技设备进行大量的高速交流令人兴奋，但我们是在使用声音片段进行交流，而不是参与长时间、有意义的对话，而这些对话是发展丰富的人际关系所必需的。父母需要对电子设备感到敏感，它可能成为家庭交流的障碍，尤其是在吃饭的时候。我们都在餐厅吃过饭，我们会发现一些人在吃饭时，玩电子产品的时间比在餐桌上与其他人谈话的时间更多。在家庭聚餐或集体聚餐中，每个人都对谈话有所参与，这是沟通和建立关系的重要练习。

美国媒体描述的"沟通"对我们没有什么帮助；它们提供了扭曲的观点，很少展示健康的关系。真人秀节目与现实相距甚远，24小时播放的新闻聚焦在不寻常的、耸人听闻的异常行为上，比如暴力示威、枪击、饥荒、战争和种族灭绝。这些都会减少孩子对他人的信任，削弱他们发展健康关系的能力。这些因素还会导致他们降低与他人互动的频率，而这反过来又对沟通和人际关系的发展造成了负面影响。

其他沟通障碍

许多父母无意中做出了其他可能阻碍沟通的行为。下面列出了一些需要避免的事情。

- 说一不二或什么都管。告诉孩子每一步要做什么可能会妨碍他们独立思考。
- 以偏概全。这会伤害自尊和人际关系。准确性很重要，不管是在表扬还是在批评中。
- 用讽刺的方式批评孩子。一个敏感的孩子可能听不出讽刺的意味，只从字面意思理解。如果你确实在讽刺或者取笑孩子，一定要让他知道你想表达的不是字面意思。
- 转移话题，保护孩子。"让我们忘记这件事，来玩个游戏。"这种方式弱化了孩子所面临的情况，忽视了孩子的感受，同时告诉孩子，那种感觉是错误的。不要这样，花点时间去理解孩子。
- 说："我知道你的感觉。"你不可能真的知道孩子心里在想什么。相反，你要表达你想要理解孩子的感受，倾听他的观点，然后分享你对他的感受的想法。
- 在孩子说话的时候打断他。饶有兴趣地倾听；在他讲完时，问一些问题。

我们只有真正地聆听，才能完全理解。请记住，理解不总是意味着赞同。

• 问："你为什么要这样做？"孩子们很难分析他们的感情，理解他们的动机，尤其是在他们受到伤害或感觉生气的时候。

• 粗鲁地否定孩子的愿望。与其匆忙地说"不，我们今天没有花生酱了"，不如以幻想的方式表达，"我希望还有花生酱。下次我们去商店的时候你记得提醒我，我们买一些"。

• 否定孩子的感受。和朋友玩完后，孩子宣布："我不再喜欢瑞秋了。"如果你立刻反驳道"你当然喜欢她。她是你的好朋友"，你就否定了孩子的感受。这样做的结果是：要么结束对话，要么开始争吵。鼓励交流的回答会更有帮助，比如："嗯，听起来你今天不怎么开心。"

从上面的例子中可以看出，为什么沟通对超常儿童的心理如此重要，为什么家是尊重诚实的、安全的避难所如此重要。在孩子的生活中，很少有地方能够为开放的交流提供安全的避风港。

与孩子的沟通真的是她的生命线。如果孩子身边能有一个可以与其自由交流的大人，一个接受并重视她的大人，哪怕只有一个，她就可以承受住人生路上的很多挫折。作为父母，你的作用很关键——你让孩子感到安全和被接纳。如果出于某种原因，你做不到，也许你可以找别人——老师、邻居、导师或朋友——那些认可你的孩子是一个独立的个体，告诉孩子她的感觉和信仰是合理的，是有价值的人。

切实可行的解决方案

• **营造促进交流的氛围。**你不能强迫孩子与你沟通，但你可以营造一种鼓励交流的氛围。记住，每一次交流都会影响家庭的情感"氛围"。询问你信任的人，他们对你说话的语气、肢体语言以及传达的感受有什么想法和建议。许多人没有意识到他们的声音听起来很生气、很挑剔或者具有评判性，或者他们听起来似乎对别人不感兴趣。当父母得知他们敏感的孩子接受他们信息的方式时，常常会感到惊讶，甚至害怕。孩子们会把消极的语气放在心上，并可能因此听不到积极的话。了解并管理沟通中情感的部分有助于创造积极的氛围。

• **想要沟通，先好好倾听。**倾听是沟通中最重要的因素。当你积极倾听时，你在告诉孩子，他的想法、感受和价值观是值得被倾听的。大多数情况下，孩子们只是想让你听听，仅此而已。他们不一定需要你的见解、意见或评价——只是一个分享感受的机会。你允许他们分享的同时积极倾听，这会营造出一种氛围，让你的孩子愿意分享更多，甚至可能还会询问你的意见。父母这样问可能会很有帮助："你是想让我发表意见，还是想让我只是倾听？"孩子知道你有自己的想法，他也知道你不会咄咄逼人地分享，这很重要。这样做能够建立彼此的尊重和信任。请记住，倾听而不给出建议或意见对父母来说是相当困难的，他们非常想通过分享自己的想法和经验来"帮助"孩子。毕竟，父母和他们的孩子一样，经历过同样的挣扎，他们想要将自己的孩子从痛苦的情况中"拯救"或"解救"出来。请记住，孩子需要独自解决问题，他们需要这样的经历，这可以帮助你保留建议，只是倾听。

如果你必须给出建议，也许是因为有潜在的危险，请记住，如果你首先说明你能够理解她的感受，孩子更有可能接受你的意见。用一句简单的反思性的话，比如，"我能看出你很生气，认为这不公平"，或者"我觉得你会对学校发生的事情感到不安"，告诉孩子你在努力理解她，你重视她的感受。

• **即使你不同意他们的观点，也要接受他们的感受。**当你倾听时，要接受孩子的感受和想法。这并不意味着你一定要同意他们的观点；记住，感受只属于拥有它的人。每个人都有拥有自己感受的权利，感受没有"对错"。鼓励孩子表达自己的感受，鼓励他与别人交流自己的感受、观点和态度，这对你很重要。交流自己的感受是孩子受用一生的技能，学习和练习这些技能的最佳场所是自己的家，这里很安全。

在一些家庭中，孩子们知道感受是危险的，谈论感受会导致不愉快的吼叫和争吵。这些家庭的孩子可能会得出这样的结论：最好不要表达自己的感受，因为表达感受而产生情绪的混乱是不值得的，所以他们学会了把感受藏在心里。在这种情况下，累积的问题可能会突然爆发，引发危机。将情绪内化也会导致焦虑和抑郁，甚至会导致头痛、胃痛等身体问题。

• **反思倾听。**反思倾听是一个让孩子知道你接纳他感受的好方法。你不需要说太多，只要把孩子说的话转述出来，就能反映出他的话背后的感受。例如，孩子从学校回到家，心情明显很沮丧，你可以说："看起来今天在学校里发生了让你感觉沮丧的事情。"孩子说："杰森刚才在坐车回家的路上给我起了外号。"

"哇。听起来这让你感觉很糟糕。"

"是的。他说我只会读书和玩望远镜。"

"听起来这让你很生气。"

"是啊！我真想揍他。明天课间休息的时候，我揍他一顿。"

"你想跟他打一架。"

"我还能做什么呢？我讨厌他当着我的朋友这么说。"

"听起来你在考虑怎么报复他。"

"我想这样我只会在学校惹麻烦。"

"看起来你在想是否还有其他的选择。"

"是的。我想我应该无视他，忘记这件事，但这确实不公平。"

"这确实不太公平，对吧？"

"不。他真的不了解我。"

"他不知道你真正的样子。"

"是的。我和他一样，也喜欢棒球之类的东西。"

"他不知道你和他喜欢一样的东西。"

"是的。也许有一天他会发现的。"

在这个例子中，父母除了给一些感觉贴上标签外，并没有添加太多新的信息。父母重复孩子的意见，或者将它以问题的方式提出。反思倾听的力量在于，它能帮助你接纳孩子的感受，而不去评判这些感受是好是坏、是对是错。反思倾听还可以帮助孩子理清自己的感受，并思考他要如何处理这些感受，这样他就可以自己解决问题。

在同样的场景中，如果父母说"要是你明天不理杰森呢"，孩子可能会这样认为：你随口提出了解决办法，好像他的问题很容易解决一样，或者你认为他应该听你的，而不是听他自己的。在使用反思倾听时，你倾听孩子的观点，帮助他自己解决问题。反思倾听一开始很难做到，需要练习，但它是一个宝贵的工具，可以加强以后的沟通。

- **试着去理解孩子的沉默。** 正如许多沮丧的父母经历过的，沉默可以传达相当多的感情，理解孩子为什么突然沉默是很重要的。是因为他生气了，他在用沉默惩罚你吗？是想要通过拒绝对话来获得控制权吗？这是一种自我保护的方式吗，他害怕告诉你以后，你不理解他？还是说这只是他享受痛苦经历的一种方式？如果你能弄清楚孩子沉默背后的动机，就能够很容易地帮到他们。有时候，允许长时间的沉默完全没有问题，因为这在告诉孩子，你接受他本来的样子，尊重他的隐私。

- **留出特别时间。** 不管孩子多大年纪，特别时间都是父母鼓励沟通的最重要的技巧之一。花时间和孩子在一起，这是增进你们关系的最重要的技巧。如果可能的话，每个家长每天都要和每个孩子在一起待几分钟，在这几分钟里，不受任何打扰，将所有的注意力都放在孩子身上。这样的特别时间不需要很久——三到十五分钟就好——但每周要进行几次。五次五分钟的特别时间远比一次一小时的特别时间有力量。连贯性和频率比时间的长短更重要。如果你有好几个孩子，担心他们会打断彼此的特别时间，就使用计时器。如果其他孩子打断了你和一个孩子的特别时间，就再加一分钟。

在特别时间里，除非家里真的有紧急情况，给予孩子你全部的关注。如果你的电话响了，不要接，或者说："现在是我和女儿的特别时间，稍后我会给你回电话的。"当你为了与孩子共度时光而拒接电话时，你的孩子会知道你们的关系对你来说是最重要的。

在特别时间里，你可以做孩子想做的任何事情，但不要让他们选择竞争性的活动。在竞争中，有赢家和输家，通常也会有受伤的感觉。在特别时间里，你要传达这样的信息给孩子：孩子一直是重要的，不仅仅是在他获得胜利或取得成就的时候。你是在为孩子未来的关系做示范，你在帮助他们理解维护关系需要花费时间和精力；忽视不能维系关系。

对于大一点的孩子，你可以考虑为他们的特别时间做一些创造性的改变。父母可以轮流开车送孩子上学，或者上学前在餐厅吃早餐。可以在特别时间里骑自行车或者散步。也许你每次想带一个孩子进行一次特别的出行——看电影、泡图书馆、逛博物馆、钓鱼、露营、徒步、购物，甚至是做一些简单的事情。重要的是，你要跟孩子在一起待一段时间，让他得到你全部的关注。只是和孩子在一起就能传递出他对你很重要的信息。

当孩子长大一些，可以旅行时，你可以带他一起出差，在你的"休息时间"里一起参观城市的景点，或者延长出差时间，和他一起旅行。这些时光将会给孩子留下终生难忘的回忆。

对于年幼的孩子，特别时间可以安排在睡前或父母下班回家后不久。有些孩子喜欢在某个特定的地方度过特别时间，比如和他们的毛绒玩具一起坐在床上，或者坐在家里的某个角落。在某些情况下，这个地方本身就与支持和关心的感觉联系在一起。你在哪里和孩子一起度过特别时间，你们一起做什么，都没有你坚持做这件事重要。

大一点的孩子可能会说："我现在不想开始特别时间。"如果发生这种情况，家长可以说："那你晚一点方便吗？要是不方便，想要改变主意的话，我接下来的五（或七）分钟有空。"

• **打造家庭的"超级星期六"**。每周有一天，或者每个月有一天——也许是星期六——家庭成员可以轮流安排当天的活动，可以安排一整天或者某段时间。当然，父母要为这一天确定金钱和时间范围。所有家庭成员都必须参与并尽量享受别人安排的活动。这能让超常儿童对环境有一定的控制，并在家庭事务中有发言权。"超级星期六"能够帮助孩子发展人际关系，培养相互尊重的习惯。

孩子们会因有这种机会而感到非常兴奋。这个方法还可以为完美主义倾向提供一个出口，因为活动计划可以制定得非常详细。一些超常儿童拟定行程时，会明确一天内要完成的各种活动，列出具体的说明和时间，还有些孩子可能没有那么有条理。"超级星期六"提供了一个机会，家人们可以互相交流，尊重彼此的想法和兴趣，度过高质量的家庭时光。

- **评估情绪温度。**[2]许多超常儿童不愿意谈论自己的感受，特别是当他们没有这样做的习惯时。如果是这样，你可以尝试用一种简短的方式——一种"情绪温度阅读"来试探他们的开心程度，这样孩子不用透露太多信息。例如："从1到10，10代表超级快乐和幸福，你今天的情绪温度是多少？"孩子可以用一个数字描述他的感受，不需要具体地说明。如果这个数值很小，父母也没有进一步打听，孩子总是会问："你不想知道为什么吗？"这为进一步交流打开了大门。

- **分享你的感受。**沟通永远是双向的。作为孩子的榜样，你应该在不同情况下，得体地表达或谈论你的感受——无论你是满意还是失望，骄傲还是沮丧。有时你可能想分享你的情绪温度。练习用健康的方式表达你的情绪，觉察它们，这样你的孩子就能客观地看待他人的情绪。例如，你可以说："我现在真的很生气，因为工作中的问题。"当你和孩子谈论你的感受时，你传递了这样的信息：感受是你自己的，它们有时很复杂，但它们是你生活重要的组成部分。

- **注意自己强烈的情绪。**超常儿童带着敏感的触角，不管你有没有说出来，他们都会知道你有情绪。试图隐藏或否认你的情绪，只会带来不信任，孩子会对你们的关系失去信心，进而造成情感上的隔阂。如果你发现自己的情绪太私人、太强烈，无法与人分享，你可以简单地说："现在，我对这件事有非常强烈的情绪，我需要时间平静下来，然后才能和你讨论。"这样的话可以让孩子们知道，大人可以控制自己的情绪。

- **使用以"我"开头的表达方式。**"我觉得很失望，大人跟你说话的时候，你不听"，要比"你刚才对你叔叔的态度很粗鲁无礼"有效得多。后一种说法在指责孩子，让他产生防御。前一种说法以"我觉得"开头——也就是"以'我'开头的表达方式"——强调的是这种行为如何影响到了你，你是个观察者，观察到了这种行为。在不责备孩子的情况下，孩子更有可能回应，更容易用"我很抱歉"这样以"我"开头的表达来挽回面子。面子对超常儿童来说很重要，他们往往对自己很苛刻，而以"我"开头的表达方式可以帮助孩子认识到自己的行为对他人的影响。

　　类似的，你也可以用以"我"开头的表达方式表扬孩子取得的积极成就。说出你的感受，以及你对孩子感受的看法，而不是评价他。例如，你可以说："当我看到你完成了一个困难的项目时，我感到高兴和自豪，我想你一定也对你的工作感觉良好。"而不是说："你擅长这么多事情！"后一种说法提出了一种期望，期望孩子继续擅长做许多事情，超常儿童可能会感到有压力。这样做的危险之处还在于，孩子会认为只有当他取得成就时，他才是有价值的，而不是只是做自己，他就有价值。

　　• **把行为与孩子分开。**记住，在交流的过程中，要表扬或批评孩子的行为，而不是孩子本人。如果你不赞成孩子的行为，只要说："在这里不允许这样的行为。"这很重要，因为它将行为与孩子区分开来，而且针对特定行为的评论，不管是正面的还是负面的，通常比针对个人的更准确、更有效。将评论的重点放在行为上而不是放在孩子身上，这需要练习，练习过后会带来更顺畅的沟通。一些父母发现，相较于不恰当的评论或行为，可以简单、冷静地回应："再试一次。"

　　• **想想自己小的时候。**你可以偶尔和孩子讲你小时候的经历，这样能够营造出积极的交流氛围。简单地分享一些与你过去的经历相关的情绪，比如，"我记得我因为学校里的一个混混而发火"，或者"我跟一个女孩之间也曾有过类似的问题"。当大人承认自己也有受伤、恐惧、尴尬等微妙的感受时，超常儿童会热情地回应。

　　• **培养人际交往能力。**你的孩子可能意识不到他的沟通方式对他人的影响。例如，如果他在其他孩子面前表现得专横或武断，他可以在虚构的角色扮演情境中探索，不同的声音对其他人来说是什么样子的，给他们什么感觉，他可能会在这些探索中有所收获。超常儿童有时需要特别的教导，教他们如何与别人进行眼神交流，如何用友好的态度说话。用角色扮演的方式练习这些技能可以帮助孩子更好地理解他在与朋友互动时的角色。

　　• **避免传递不真实或矛盾的信息。**有时父母的话在表达一种感觉或想法，而他们的语调和肢体语言却在表达不同的内容。一位母亲用相当单调的声音说："你的钢琴弹得很有进步。"她的儿子，一个超常儿童，则认为她缺乏诚意，愤愤不平地说："你怎么不当面说出你真实的想法呢？"同样的内容，用友好的语气会让人感到被支持。如果你微笑着说"我想知道你今天在朋友家做了什么",你便展现出了你的兴趣并邀请孩子分享,而低沉的语调、讽刺的语气则会暗示你很担心。注意你传递的信息,它可能并不是你真正想要表达的意思。

- **带着触觉交流。**另一个促进交流的技巧也很重要,却经常被忽视,它是个简单的动作:抚摸。我们的社会对抚摸的价值知之甚少,即便在家庭中也是如此,但有充分的证据表明,抚摸和拥抱对感觉自己是健康的,自己和他人是亲近的,有着重要的作用。把你的手轻轻地放在孩子的胳膊或肩膀上,可以帮助他集中注意力,确保他真的听到了你说的话。抚摸传递了连通性和关怀,同时营造了更好的沟通氛围。有些家庭更容易表达身体上的情感,而那些比较含蓄的家庭则需要有意识地在他们的互动中增加抚摸的动作。

青春期的孩子可能会认为拥抱是小孩子的专利,他们可能会抵触拥抱。如果是这样,父母可以说:"好吧,我知道你不需要拥抱,但我需要。"即使是一个不情不愿的拥抱,也传递了一个非常重要的信息——这是来自家庭的爱。在孩子很小的时候就拥抱他,孩子长大后很容易保持这个习惯。孩子可能不再坐在你的腿上,但你们仍然可以偶尔有一些温暖的身体接触。

- **不要说闲话。**成年人通常会很小心,注意不说其他大人的闲话,但对于孩子,他们就没那么小心了。事实上,即使是最有爱心的大人也经常在孩子们面前说孩子们的闲话!心理学家西尔维娅·里姆将这种情况描述为"参照式交谈"(referential speaking),即父母和老师在孩子很容易听到的范围内谈论(或提及)孩子的行为,就好像孩子没有在听或者听不到一样。谈话内容可能与孩子所做的好事有关,孩子无意中听到会产生积极的效果。"她很努力学习,在这周的生物考试中得了A。是不是很棒?"

但更多的时候,对话是消极的。"泰勒昨晚本来应该复习代数、准备考试的,但是我发现他在房间里玩电子游戏,所以关了他两天禁闭。"这些话可能是在和朋友打电话时说的,也可能是在孩子能听到的地方对其他父母说的。不管是哪种情况,在孩子能听到的范围内说他的坏话都是不妥当的。由于超常儿童敏感和具有完美主义倾向,如果他们无意中听到你和别人谈论他们的缺点或问题,他们会感到很受伤。这些无意中听到的话语可能在很长一段时间都会刺痛孩子，也会破坏孩子对你的信任，破坏你有爱、慈祥的家长形象。如果你确实要和别人谈论你的孩子，把行为和孩子区分开来，选择孩子不在旁边，不能偷听的时候谈论。

● **奖励诚信。** 超常儿童一般都想做正确的事情，但和其他孩子一样，他们有时会忘记规则，特别是当他们急于做一些令人兴奋的事情时。例如，你发现饼干罐里少了几块饼干，孩子承认她拿走了一两块。这时，你可以带着幽默感地说："嗯，非常感谢你喜欢我的饼干，因为太喜欢了所以偷偷地拿了一些，更重要的是，感谢你把这件事诚实地告诉了我。我希望你对我能永远这样诚实。"这种不具威胁性的方法避免了因小事而愤怒，而产生对抗，同时，也促进了未来的沟通。

当你知道孩子做了违反规则的事情时，你最好让他知道你知道，而不是逼他承认。不要创造可能鼓励他撒谎或否认的环境。这样，孩子会进入两难的境地，因为如果大人发现了他说谎，他会受到惩罚；如果他坦诚相待，他也会受到惩罚。如果你知道他做了什么，跳过审判环节，如果有必要，直接进入惩罚阶段。

例如，你的孩子跑到外面，没有关纱门，尽管你一再要求她关上，但纱门依然大开着。现在厨房里有苍蝇，很明显是她干的。与其不耐烦地问她是不是没关门，给她撒谎的机会，或者愤怒地训斥她——"你出去的时候就不能关上纱门吗？"——你可以说："我发现你没关纱门。你觉得我们应该做些什么帮助你记住关门这件事？"对错误反应更温和，是假设孩子想做正确的事情，但她忘记了，现在你要帮助孩子把事情做好，而不是在不经意间告诉孩子，她没救了，这个错误可能永远不会得到改善。一旦你建立了坦诚的模式，以后就不要用这样的话来惩罚、取笑孩子，或者让她难堪，这只会阻碍你们之间的坦诚和未来的交流。也许有一天，孩子会觉得可以分享了，并能笑着谈这件事。

● **建立投诉部门。** 成功的企业一般都有投诉部门，许多成功的家庭也有投诉部门。你的孩子需要表达感受的机会，包括抱怨。否则，她可能会觉得自己的观点不重要，她的不满会不断累积，直到她身上扛着沉重的负担。然后在某一天，爆发了愤怒的情绪。为了鼓励你的孩子表达他们的担忧，找个渠道让他们发泄。无论是准备一个盒子还是在家庭白板上准备一个位置，都没关系，只要方便，大家都可以使用就好。在下次家庭会议上讨论这些投诉，确认感受，共同努力，解决问题。

- **让孩子知道，感情不需要有逻辑、有秩序。**感情往往是不合逻辑的。这就是感情的本质。一位十几岁的超常儿童写道："天才最糟糕的部分是孤独……我在宗教、道德、哲学和政治等难题上苦苦挣扎，却找不到一个可以倾诉的人。我必须自己处理所有的事情。"[3]一些超常儿童很容易分享自己的感受——有点太容易了——而另一些孩子，尤其是那些喜欢逻辑和秩序的孩子，则不愿意谈论自己的感受。这些孩子可能会试图将谈话转移到事实或其他理性的话题上，这些话题对他们来说既具体又让人舒适。他们需要安慰，他们会避免那些看起来不合逻辑、不精确、冒险甚至是可怕的情绪和观点。

- **尊重孩子的感受，不要干涉他们。**有些感觉和情况是特别的、私人的。要想成为独立于他人的人，隐私是必要的。尊重你的孩子，允许他的生活中有完全私人的部分，如果他不想，不用与你或其他人分享。这对青少年的父母来说可能是可怕的，为了安全起见，家长想知道他们的孩子在做什么，在想什么。这是一种微妙的平衡，决定哪些事情你需要知道，哪些事情你不需要了解或批准。

- **谨慎处理敏感话题。**超常儿童的感受是如此强烈，当他们公开分享自己的感受时，可能会感到脆弱。父母在讨论这些问题时应该特别温和。虽然分享一个人最深的恐惧和希望可以建立亲密感，但它也增加了受到伤害的可能性。一些超常儿童一旦受到伤害，就学会了不再与别人分享，与其要冒着风险，承受被批评、误解、轻视甚至嘲笑的痛苦，他们可能会决定独自面对。他们可能表面上看起来没有情绪，但在内心中，他们有着很深的情绪。帮助你的孩子找到迎接伤痛的勇气，与信任的人一起探索敏感的情绪。

如果孩子直接与父母谈论敏感话题会感到尴尬，可以考虑使用书信交流或者在开车时讨论，避免目光接触。使用书信交流时，孩子可以在笔记本上写下一个问题或担忧，留给家长回答。家长将回答写下来，再把笔记本交给孩子，形成书面对话。

- **欣赏性情差异。**孩子们的性情不同，包括他们表达感受的方式。有些孩子采用常见的方式；有些孩子擅长制造戏剧性的场面；有些孩子逻辑性强，但似乎很少关心他人的感受。不同的孩子需要不同的沟通方式。要是父母不能欣赏孩子的不同之处，可能会努力把孩子变成另外一个人。结果父母可能感到沮丧，而孩子可能感到被误解。正如一位家长所说："当我意识到我不能把橡树变成山茱萸时，沟通变得容易多了。"

- **不要"观察"太多。** 有时父母可能会觉得他们"只是在观察"事情的进展，或者他们看到了什么。例如，父母可能会说"今天我看到你的房间很乱"或者"看起来你不打算完成作业了"。然而，重点是思考这些观察结果，以及你如何根据这些结果提出建议。你的评论是不是潜在的批评，暗示孩子做错了事？或者他做得不够好？一次偶然的观察不会对关系产生重大影响，但太多的观察则暗示着父母在密切地关注、评估孩子的行为。

- **不要做出难以遵守的承诺。** 有时，你的孩子可能会在描述细节之前要求你保守秘密或做出承诺。如果你不知道孩子会告诉你什么，你就不能做出这样一个笼统的承诺。在这种情况下，你要坦诚地告诉孩子，你能承诺什么，不能承诺什么，这很重要。你可以这样回答："我不能无条件地承诺，但我会尽我所能尊重你的隐私。"在某些情况下，如果有人正处在严重的麻烦或危险中，比如一个孩子告诉你，他的朋友正在考虑自杀或从事非法吸毒等危险活动，这时，父母就不能保守秘密。在生死攸关的情况下，必须采取适当的行动，比如告诉孩子朋友的父母或政府相关人员。要让孩子明白，你的首要任务是保护他（也许还有其他人）的安全，任何可能危及这一点的事情，你都不能承诺。你们的关系当然重要，但它不能被你无法兑现的承诺所挟持。

- **使用可以夹在各处的手写便签。** 手写的便签可以加强交流，向收信人传达有力的信息。在午餐饭盒或背包里放一张便签，上面写着"我爱你"或"考试好运"，能够让孩子在中午的时候振奋精神。便签上的内容也可以是表扬某种行为，例如"科学作业做得很好"。

- **不要分享过度。** 超常儿童掌握了高级的词汇，拥有过人的理解能力，看起来可能比他们的实际年龄大得多，也成熟得多。因此，一些父母不知不觉地陷入了一种模式，向他们的孩子分享了太多成年人的感受。这样做的父母会陷入一种不健康的模式中，把孩子当作成人关系的替代品。如果家长对伴侣酗酒感到不满，或者因为即将离婚而感到不安，他们不应该把所有让他们感到失望的细节都告诉孩子，不管是过去的还是现在的。孩子们缺乏生活经验，也没有情感能力来处理这些复杂的问题；他们的生活不应该掺杂成年人的烦恼。如果父母在遇到困难时向孩子寻求情感上的支持，就将孩子变成了照顾父母的角色，这非常不妥。即使孩子已经12岁、15岁，甚至20岁，看起来已经成熟到可以处理这些事情了，把这些负担放在孩子身上仍然是不公平的。虽然与聪明的、像成年人一样的孩子分享是很诱人的，但身处困境的父母应该从朋友、亲戚或专业人士那里获得帮助和支持，而不是从孩子那里。

同样地，父母中的一方也不应该发表会使孩子对另一方产生偏见的言论。这样做剥夺了孩子自己做出判断和选择的机会，而且会对她与家长的关系产生长期的影响。当然，在不愉快的情况下，父母可以承认自己的感受。只是在承认感受的同时，不要中伤他人。他们可以说："我离婚了，我很难过，但我非常期待过没有争吵的生活。"

• **解决沟通问题。** 由于超常儿童智力水平高，生性固执，他们不可避免地会与父母发生争执，有一些激烈的争执会导致双方陷入僵局或者产生痛苦的权力斗争。如果可以的话，不要陷入这些困难的情况。一个有效的办法是退后一步，评估现在的情况和双方的情绪状态。刚才你为什么那样回答？你能做些什么来改善现在的情况？为什么你们在这件事上有如此强烈的情绪？一旦这些情绪被看到、被接纳、被很好地管理，潜在的问题就能得到解决。这并不意味着这个过程会很轻松；强烈的情绪背后都有其原因。双方都有明确的观点，却互相冲突，需要花时间和精力解决。

本章描述的技巧可以加强沟通，为解决关系问题提供可能的办法。沟通问题不是在一夜之间出现的，也不会在一夜之间得到解决。良好的沟通，就像解决问题一样，需要长期的意愿和努力。身为父母，你可以从现在开始，做一些练习，改善沟通，鼓励积极有益的互动。

第五章
学习积极性与成绩不佳

超常儿童一般都对学习充满热情，全神贯注地投入许多想法和活动中，对周围的世界充满好奇。那么，他们中的某些人是怎么陷入成绩不佳的模式的呢？他们的内在动机是如何减弱的？父母要如何培养孩子的积极性，让他们发展自己的兴趣和能力？怎样才能防止孩子的成绩不佳呢？

学习积极性怎么会成为问题？

年幼的超常儿童通常会对他们周围的世界表现出兴奋。一位母亲这样描述她的女儿：

我永远不会忘记她第一次上幼儿园的时候，她兴奋得都要浑身颤抖了。她迫不及待地想走进学校的大门。我迫切地希望她去上学，因为老实说，她让我很累。（她）精力充沛，不停地说话或提问。[1]

看到这样一个好奇、热情的学龄前儿童成长为一个聪明但缺乏上进心的学生，我们就可以理解父母们的困惑了。这种变化是怎样发生的？可能是因为，在那些好奇的学龄前阶段，太多的超常儿童听到了这样的话："慢点""等一下""我们今天不学这个""我们下周（或下学期或明年）再学这个"。很多超常儿童入学时，甚至在开学之前就已经达到了所在年级的课程标准。[2]虽然有时候，无聊只是一种没有意义的抱怨或者不上课的借口，但通常情况下，从一年级到高中，这些孩子真的不喜欢很多学校的活动，因为它们没有挑战性。初中或高中成绩不佳的种子往往是在小学时，由于课程内容不合适或过于简单而埋下的。

随着时间的推移，这些孩子越来越关心如何融入同龄人的群体，而不太关心自己的成绩。毕竟，他们知道自己有多聪明；他们是班里的尖子生。大家告诉他们：这样的成绩就很好了——渴望学习更多是没有必要的，他们的问题可以再等等，他们应该享受"做一个孩子"，而不是关心"大人"的问题。然而，随着年龄的增长，父母和老师越来越频繁地告诉他们：你们没有充分发挥自己的潜力，只是在随大流。这些话令人困惑，并且在超常儿童学习积极性的问题上起着重要的作用。

有那么多超常儿童的表现和潜力出现巨大的偏差，这是唯一的原因吗？是什么让这么多孩子失去了激情？父母可以做些什么让孩子们重燃斗志吗？孩子们的能量恢复后能应用在其他方面吗？导致成绩不佳和失去积极性的原因有很多。幸运的是，也有很多方法可以刺激一个没有动力的孩子。

为什么超常儿童无法被激励？

要理解这个问题，想想你自己动力不足的时候，可能会有所帮助。你并不总是和前一天一样动力十足。即使在同一天里，你的积极性也会有很大的波动。没有人能一直全力以赴，在健身房锻炼或者打扫车库时，你可能没有表现出你的潜力。你是表现不佳吗？嗯，这取决于从哪个角度来回答这个问题。

影响动机的因素有很多。一般情况下，只知道一个人为什么没有发挥出他的潜力是不够的。大多数人都明白他们为什么要锻炼或打扫车库，但知道原因并不能改变他们的行为，因为还有其他事情在其他方面激励着他们。记住，如果一个孩子那么容易就能改变他的动机，他很可能之前就这么做了（同理，你也会清理干净你的车库）。从孩子的角度来看，可能有一个很好的理由不去改变。当你发现一个超常儿童缺乏动力时，首先要思考一些影响动机的因素。[3]

健康。身体原因可能会导致成绩不佳——视力或听力问题、持续感染、睡眠不足（尤其是青少年）、营养不良或者滥用药物。所有这些可能性都应该加以检查和排除。例如，有些孩子似乎在午餐前和下午3点左右就饿得没有能量了。饥饿的时候，孩子"心不在焉"，难以集中注意力，开始表现不佳。一旦父母排除了身体原因，就可以去探索其他可能导致成绩不佳的原因了。

障碍。有些孩子由于不同能力间的发展不同步产生了学习障碍，或者能力发展不平衡。学习障碍（如阅读障碍、书写障碍或计算障碍）很容易被忽视，因为天赋往往掩盖了障碍，而孩子们内心的挫败会导致他们缺乏动力。超常儿童也可能患有其他神经发育方面的疾病，比如多动症或自闭症，这些都会影响他们的学习积极性。

家庭。家人对成就的期望是什么？是否期望孩子们在所有领域都取得好成绩？父母是否期望过高？或者过低？父亲和母亲表达的关于成就的信息是否存在冲突？有些父母更关心孩子的快乐和满足，而不是学业成绩。有些父母则非常关心自己的孩子是否会成为高成就者。一些家庭内部因素影响孩子的例子包括家庭不稳定、父母要离婚、家庭成员经常争吵、孩子因为搬家失去了朋友、亲戚或宠物的死亡、与兄弟姐妹或同龄人关系破裂，或者（常见于青少年）被亲密的朋友抛弃。任何一件事情都会让孩子在学校里感到焦虑，甚至连最聪明的学生也会因此而无法集中注意力。

人际关系。人际关系是影响学习积极性的极其重要的因素。在学校成绩不好的一个最常见的原因是，超常儿童想要融入同龄人的群体。许多超常儿童在追求成就和与同龄人成为朋友之间左右为难。有些孩子因为他们不同寻常的能力而遭到嘲笑，被称为"书呆子""天才"或"怪胎"。总是得最高分会让别人感觉不舒服，有天赋的女孩可能会故意隐藏自己的能力，这样就能够被同龄人所接受——同龄人会因为她们掌握高级的词汇和先进的知识而拒绝她们。[4]有天赋的男孩可能会试图遵守"男孩法则"，这个法则崇尚运动，而不是智力。[5]如果非裔美国男孩的成绩优异，他们会被指责为"装白人"。[6]对于超常儿童来说，顺从的压力非常大，这往往会导致学习缺乏积极性的问题。

学校。对许多超常儿童来说，普通的学校环境很快就变得乏味无趣。热情、好奇和兴奋很快就消失了。天赋异禀的学生经常感到沮丧，因为他们必须等其他同学都学会后，才能继续学习后面的内容。[7]他们很快就会感到自己与同龄人的步调不一致。小时候的成功来得很快又不需要付出太多努力，因此，在需要努力的时候，超常儿童往往没有培养出成功所必需的主动性和学习习惯。虽然没有学校或老师想要阻碍超常儿童，但他们很难满足每个孩子的教育需求，特别是当这些需求超出常规时。

教育的改变可以培养、恢复超常儿童的学习积极性和热情。在第十一章中描述的加速模式和差异化就是改变的例子。但不要简单地认为，只要有正确的教育选项存在，就能解决所有成绩不佳和学习积极性的问题。虽然教育系统有一定的作用，但稳固的家庭关系可以平衡甚至解决在学校的困难情况。许多父母在教育环境不理想或有其他障碍可能降低孩子的学习积极性时，仍然能让他们的孩子保持对学习的热情。

其他因素。发现可能降低学习积极性的其他障碍对于积极干预至关重要。孩子们的行为不是随机事件。所有的行为，甚至是不适应的行为，都是为了满足某种需要。这些不被认可的行为背后有孩子的什么需要？还有其他方法可以满足这种需要吗？你可以发现并消除这些降低孩子积极性的障碍，通过这种方式帮助他们。鼓励你的孩子，帮助他感觉到与别人的联系，让他觉得自己是被理解的，和他一起探索学习积极性下降的原因。

合作产生动力

大多数孩子并非没有动力。可能的情况是，他们投入热情的领域不是别人所期待的。在日常生活中，动机问题通常只出现在某些领域。例如，一个孩子想学习她感兴趣的领域里的所有东西，但她不想学习语法、拼写或书法。一个孩子不想展示她是如何推导出数学答案的；她只是想把脑子里想出来的答案写下来。一个孩子的卧室就像一个垃圾场，但他不想自己捡东西。当你努力支持你的孩子，与他们一起寻找热情时，以下提示可以帮助你找到切入点。

哪些成绩是孩子认为重要的？要知道，成绩不佳是旁人的看法。通常，超常儿童投入热情的领域并不是我们认为重要的领域。我们认为重要的那些领域似乎与他们无关——至少在当时无关——或者他们认为其他事情似乎更重要。从孩子的角度来看，C级的成绩可能就够了，毕竟及格了。或者，一个学习成绩不佳的孩子在其他领域取得了很高的成就，比如运动、乐队、啦啦队或社交活动。可能只是你的目标和他们的目标不同。这时，对他们来说，有其他事情比你希望他们做的事情更重要。他们现在的需求决定了他们的时间安排，而他们的需求和你的不一样。

有时，父母和教育工作者在激励孩子的过程中，会使用奖票、贴纸、金钱作为行为改变计划的奖励或惩罚。这种手段可以暂时改变行为。然而，从长远来看，这种方法不可能很好地发挥作用，因为孩子们会认为这些手段在试图操纵和控制他们。许多固执的孩子宁愿放弃优待——甚至要为自己的行为承受严重的后果——也不愿意屈服于他们眼中成年人的"权力游戏"。而且，这些奖励实际上可能会降低孩子的积极性，因为一开始，他是为了奖励做的，而不是出于对事情的热爱。[8]虽然物质的东西能够提供暂时的动力，但归属感和自主性才是可持续的动力来源。

你是理解孩子还是要求孩子？ "因为我说了这样做！""如果你用心去做，你的成绩肯定会提高。你当然很聪明了！""我希望你能更认真地对待学业，否则我就对你不客气！"光靠这样的话去要求孩子激励自己通常是行不通的。长时间的说教和增加的惩罚对提高孩子的积极性没有效果，还会损害你们之间的关系。许多工作场所都有一个半开玩笑的标志，上面写着："持续打击，直到士气提升。"员工们喜欢这种幽默，因为他们知道体罚是没有用的。

去激励那些成绩不佳、对学习"不感兴趣"的孩子是很有挑战性的事情，要耗费大量时间，这里有一些好用的方法和步骤。请你记住，要激励一个长期陷入成绩不佳模式的孩子可能需要很长时间，有时是几周，有时是几个月。既然问题不是在一天或一周内出现的，它也不会在一天或一周内消失。这个过程需要很大的耐心，因为进展很缓慢，而且是小步渐进的。另外，要记住，成绩不佳通常是零星的，发生在某些年级的某些班级。成绩不佳和随之而来的习得性无助（learned helplessness），是很难打破的模式。通过共情、共同解决问题与孩子建立联系，将有助于孩子实现长期的独立。

孩子的兴趣是什么？ 一般来说，从孩子感兴趣的领域开始，通过鼓励逐渐转移兴趣是更有效的方法。很多时候，父母坚持让孩子立刻做出父母想要的改变。例如，他们会说："如果你的成绩提高了并且保持了一学期，我们就来讨论一下你能不能买一辆自行车（或其他孩子想要的东西）。"对大多数的孩子来说，这很难做到。如果期望的行为对他们来说真的那么容易，他们早就这么做了。

你的孩子现在对什么感兴趣？她有什么特别的爱好吗？如果你能发现并确定孩子心中已经存在的热情，你就能在此基础上重新引导，或者重新调整。也许你可以将这种热情转移至目前孩子还没有什么兴趣的新领域。例如，一个不太关心拼写、语法或书写的孩子可能对南美昆虫有着持续的热情。你可以鼓励他给《自然》（Nature）杂志的作者写信，问一些文章中没有提到的问题。你可以委婉地指出，要是不想信件因为是个孩子写的而被驳回，信件的内容就很重要。信件要整洁，语法和拼写都要正确。你或其他人可能可以在他发送之前检查一下。现在，以前不重要的拼写和语法任务变得与孩子的兴趣相关，因此在他眼中变得重要。这时，热情已经转移了，孩子也在这个过程中学到了一些东西。

无论感兴趣的领域是什么，让孩子保持渴望的态度是至关重要的。例如，无论阅读什么主题的书，都会在将来，在取得更高成就的过程中对自己有所帮助。如果孩子只想看体育杂志或连环画，就随他去吧。他至少在读书！他的兴趣和阅读的材料会逐渐转变，也许会慢慢转向体育小说，或者是他最喜欢的连环画的章节书版本。重要的是要帮助超常儿童发展并维护"卓越之岛"——一个他能够不断成长、扩大自己的热情的地方。他可能对博物馆充满热情，喜欢研究汽车、天文学，或者阅读恐怖推理小说。即使这些特殊兴趣是校外的体验，最终也会向校内有一些转移。

孩子怎么才能在过程中拥有掌控感？培养超常儿童的自信、自主性和自力更生的能力是很重要的。超常儿童在很小的时候就学会了如何为自己发声、如何谈判，结果他们感觉自己参与到了每天的活动中，每件事情都是"我的"。也许超常儿童可以和老师协商一份"学习合同"，老师可以"检验"她已经掌握的内容，然后给她时间去追求自己感兴趣的东西。这种协商不仅可以让孩子拥有掌控感，也为老师提供了一个转移孩子学习积极性的机会。

让孩子更多地参与到给事情设定优先级的活动中，可以增加他们的参与程度、投入程度和个人责任感，而这些通常可以提高他们的积极性。从老师和同龄人那里获得了情感独立感的孩子能够更好地管理自己，他们会表现出更多的好奇心、自信，获得更高的成就。在家里或学校都无法发表意见、不能抱怨的孩子会认为没有人关心他们，他们不知道向谁表达他们的不满和担忧。他们可能会变得过度依赖他人，因为没有什么能改变现状的方法而感到气馁。他们会变得无助。鼓励积极、适当的参与，可以避免这种"习得性无助"。

切实可行的解决方案

• **与孩子建立牢固的亲子关系。**人际关系是有影响力的激励因素，但效果不一定立竿见影。有时候，从父母鼓励孩子到看到结果会间隔很长一段时间。父母和老师会努力增进与孩子间的良好关系，但孩子积极性的火花可能仍然没有点燃。不要放弃。继续改善你与孩子的关系，与孩子沟通。表达你对他的接纳与信心，相信他能够改变。从长远来看，正是这些关系在未来塑造了积极的结果。热爱学习、喜欢分享、鼓励他人的父母会培养孩子终身学习的习惯，帮助孩子建立自信和自尊。

• **不要只注意结果，也要关注过程。**有时候，超常儿童表现很好或者获得了丰硕的成果，而他们却没费什么力气。例如，超常儿童可能只需要一点点努力就能在所有课程中获得全A的成绩或者平均成绩排名第一，因为这些任务对他们来说没有挑战性。如果你只关注结果，因为好的结果而奖励他们，那么，你就是在鼓励孩子付出一点点的努力，孩子不会懂得努力和结果之间的关系。最好的办法是奖励全力以赴，即使结果是只完成了一部分。当然，对于那些毫不费力就能保持好成绩的孩子来说，可能很难找到让其全力以赴的事情，父母可以在学术活动之外的领域寻找。

• **认可成绩。**大多数父母都发现了关注孩子的成绩是很重要的，但有时他们会把注意力更多地放在失败上。例如，避免"7个A和1个B"的讨论。当孩子带回家的成绩单上除了一个B之外全是A时，父母可能马上会问："这科你为什么得了B？"然而，"得了这么多A，你一定很开心！"这样说会好得多，至少在开始的时候这样说。只提起B给孩子传递的信息是，这一次，她做得还是不够好，这无意中培养了负面的想法和完美主义。

- **避免权力斗争**。权力斗争会破坏培养热情的氛围。这不是小麻烦，而是长期的权力斗争。比如一个十几岁的孩子，虽然很聪明，却不做家庭作业、不参加课堂小测，几个月来成绩一直不及格。如果你和孩子正在进行一场毫无意义的权力斗争，尽量退出这场斗争，因为这可能是摆脱这场斗争的唯一方法。向孩子表达你对你们的关系正在受到威胁的担忧，并向他说明你相信你们能够一起找到更好的解决办法。

- **保持较高的期待**。为了促进孩子重新找到热情，许多人在努力干预缺乏动力或表现不佳的超常儿童时会降低他们的期待。与之相反，要通过与孩子的兴趣相关的有挑战性的活动来提高期望值。成功的教练发现，如果他们对运动员的期望略高于运动员对自己的期望，训练效果最好，但这些教练也会提供实质性的鼓励。有挑战性的活动比死记硬背更吸引人。提供挑战，同时提供必要的支持，可以帮助孩子建立信心和具有建设性的学习习惯。

- **将大目标分解为易于管理、能够实现的步骤**。为了保持积极性，超常儿童必须学会设定切实可行的长期目标。把这些大目标分解成基本的、合理的任务，可以给孩子一种控制感，培养持续的动力，防止气馁。大人可以帮助孩子确定中间的步骤和小目标，设定实现目标的日期，以此来指导目标实现的过程。这种方法明确设置了具体的进度点，孩子可以经常在完成小目标时给自己奖励，这样既能强化目标，又能向孩子提供追求目标途中的"休息站"。完成了中间的步骤可以给孩子带来成就感，而且这时，长期目标对孩子来说也似乎更容易实现。重点是不断进步。这种方法可以在超常儿童第一次遇到有挑战性、需要持续努力的任务时帮助他们。例如，许多超常儿童想要演奏一种乐器或制作一个复杂的模型，那么掌握一个简单的曲调或构建模型的一个组件就可以成为短期目标。

- **避免"跳过目标"**。超常儿童必须学习与设定目标和实现目标有关的技能，他们甚至比普通儿童更需要这些技能，因为超常儿童常常"跳过目标"。也就是说，他们会设定一个目标；然后，在目标即将实现时，他们突然设定了一个新的、更高的目标。他们在通往第二个目标的路上"跳过"了最初的目标。当他们要实现第二个目标时，他们会设定另一个更高的目标。在实现最终目标前，许多超常儿童不认为他们的进步是成功，他们会觉得自己失败了。设定目标和分解任务能够帮助孩子明确次级目标，避免"跳过目标"。

* **在小的成功之上继续努力。**要培养孩子完成一项有难度的任务的积极性，要从强调哪怕只是很小的行动，或者仅仅是朝着目标付出努力开始。成功地完成越来越难的任务，会带来信心和更大的成功。你可以在此基础上积累成功。虽然最初的动机可能来自外部奖励，但满足感和内在动机会随着持续的成功而增加。

* **提前沟通期待。**在电影院里，通常在播放冗长的预告片时会播一条感谢信息：感谢观众把手机调成静音。这个技巧可以在家里使用，即在纠正不恰当的行为之前，通过表扬你所期望的行为来表达期望。例如，你的儿子刚刚放学，一进家门，就脱下外套，扔在了地板上（他经常这样做）。在这个"说教的时刻"，你可以说："谢谢你把外套放在了你的房间。我非常感谢你的帮助！"你的儿子可能没有这个想法，但你清晰的表达提醒了他，让他想起了你的期望，使他更可能按你的期望去做，同时，你的话强化了你的期望，也避免了批评他过去的行为。

* **使用陈述性的语言分享对孩子行为的观察。**你可以使用陈述性的语言，客观地描述你对孩子行为的观察，而不是依靠表扬或批评。因为你的观察是客观的，因此陈述性的语言让我们有机会从孩子那里得到反馈。例如，你可以说，"我发现你到家后就开始做作业了"，或者"今天早上准备上学的时间似乎比平时长"。这类观察让人感觉很安全。使用陈述性语言的父母从给予夸赞的位置离开，给了孩子一个机会，聊聊他们的行为，如果他们想这样做的话。

* **一起参加活动。**有时，父母在家里的某个地方或某个特定的时间工作，也希望孩子在其他地方或者在不同的时间做他们自己的事情。在这些家庭中，孩子很少有机会看到父母是如何处理动机和成就的问题的。通过一起参加活动，孩子可以看到你的动力和工作习惯。这些活动可以是在院子里或花园里帮忙、做家务、一起运动或进行其他爱好。一起活动也可以让孩子看到你对工作的热情，他们能

够看到你把事情做好时的快乐和兴奋。这些共同的活动传递了你的价值观、工作态度和其他对你来说很重要的原则，比如耐心或对挫折的忍耐。一起参与活动能增进亲子关系，良好的关系也能使活动变得更愉快。作为成年人，许多你现在喜欢做的事情最初之所以会变得有趣，是因为小时候，你是和父母或其他亲近的人一起做的。

• **不要说"是的，但是……"**。通常，父母会用"是的，但是……"的句式表扬超常儿童的努力。"你做得很好，但如果你用另一种方法做会更好。"这种陈述方式对孩子的自尊有很大的伤害，因为"但是"否定了之前出现的积极因素，而且孩子通常记住的是"但是"的部分。这样的话传递的信息是，"你现在还不够好，也许再成功一点，我就会接受你了"。试着用"是的，而且……"来强调积极的一面，帮助孩子看到其他的选择。

• **不要嘲笑和讽刺**。由于敏感，超常儿童常常被嘲笑和讽刺深深伤害。虽然他们自己也会嘲笑、讽刺别人，但当他们成为被嘲笑和讽刺的对象时，他们并不总是能够意识到。有些超常儿童会误解，并把讽刺的话当真。嘲笑、讽刺和羞辱都不能激起敏感的超常儿童的积极性。

• **要敏感，也要具体**。对你自己和孩子的感受要敏感，但尽量不要笼统地给孩子贴上标签或评价他。诸如"你真的需要更加努力，不要这么懒"，甚至"你有无限的潜能"之类的话都没有帮助。在给出建设性的批评时，尽量具体一些，但对积极的行为，要笼统一些。对孩子听了你的评价会有什么感受要敏感。一种很好用的方法是表达你的感受，或者用以"我"开头的表达方式推断孩子可能的感受，这在前一章关于沟通的部分已经讨论过了。

• **教授谈判技巧**。谈判是超常儿童一生都会使用的技能，但很少有家庭有意识地在家里教授谈判技能。虽然有些超常儿童确实很懂得谈判的艺术，尤其是在权力斗争最激烈的时候，但在家庭之外的环境中，还需要改进一下这种技巧。还有一些超常儿童变成了熟练的谈判者，他们想要利用每一次机会进行谈判。教授谈判技巧、恰当的谈判时间和地点可以帮助超常儿童驾驭他们的世界。谈判的能力可以帮助他们在学校里为自己辩护，这对激励超常儿童很有用。

- **寻找指导的机会。**正式的或非正式的指导机会可以让孩子有机会看到专业人士在感兴趣的领域内工作，这能够激励孩子。"跟随"，或观察父母、大学教授、兽医或当地公司的化学家，可以提供一个新的视角，并为教育的重要性增添"现实"的一面。随着孩子在学业上的进步，到中学时，他们便能通过更多正式的专业实习机会加入竞争更激烈的项目。即使孩子认为这种职业不是他们想要从事的，这仍然是一次宝贵的学习经验，也给父母提供了表扬孩子的机会——他们付出了努力，并且承担了风险。

找到平衡

　　父母都希望自己的孩子积极主动，对生活感到满足，并与他人保持紧密的联系。没有人希望孩子的成就成为逃避不愉快环境，或是逃避不愉快的人际关系的避难所。父母必须发现并赞扬孩子身上特殊的品质，同时要注意不要过分沉迷于孩子获得的奖项。让孩子们有各种各样的经历，扩大他们的视野，看到不同的可能性，帮助他们发展适合自己天赋的兴趣。轻轻地推动、鼓励、挑战你聪明的孩子，让他们发挥自己的潜力，但也要避免陷入权力斗争，否则孩子会仅仅因为父母或老师的强调而表现不佳或拒绝表现。

　　作为父母，我们必须平衡培养情感发展和培养成就的角色，因为这两者之间存在联系。如果情感和成就没有同步发展，对孩子来说会很困难。对于每个家庭来说，平衡都是不同的。你鼓励了孩子多少？从什么时候开始培养孩子的？你怎么知道什么时候逼迫得太多了？有了牢固的关系，这些问题就很容易回答了。请牢记，超常儿童几乎总是对什么都有热情。通过人际关系、目标设定、在小的成功上努力，以及其他技巧，你可以在他们现有热情的基础上，塑造、转移、引导他们的积极性。他们在一个领域内高度的积极性和成就通常会蔓延到其他领域。

第六章
建立规则、教授自律

父母希望孩子自律，就像他们希望孩子能够自我激励一样。管教是养育子女的重要组成部分。通过体验父母设定的限制，孩子们学会规范自己的行为并为自己的行为负责。就像所有与养育子女有关的事情一样，管教既包括你做出你希望孩子们表现的行为，为孩子树立榜样，也包括教授孩子如何做出相应的行为。

大多数家长都为管教问题而烦恼，他们想知道聪明的孩子需要多少规则，以及什么是能够帮助他们学会自律的最好的办法。一些家长告诉我们，他们觉得需要制定许多规则，因为他们感受强烈的孩子不遵守纪律。一些家长认为，聪明的孩子几乎不需要规则。同一个家庭的父母在如何管教孩子的问题上也可能意见不一。还有一些父母认为，如果他们是孩子最好的朋友或伙伴，而且很少管教孩子，他们就会成为好父母。这种观点很吸引人，但却忽视了一个事实，即教导孩子遵守纪律是养育孩子的重要组成部分。

作为家长和对孩子最重要的老师，怎样才能帮助精力充沛、感受强烈的孩子学会控制自己的行为和情绪呢？没有一种方法对所有的孩子都管用，但是有些基本原则可以作为基础，帮助你塑造、改变孩子的行为，教他们自律、自信。

纪律与惩罚

对许多家长来说，纪律意味着时间暂停（time-out）*、禁足或其他惩罚。这种印象让人遗憾，因为与惩罚不同，纪律是要鼓励孩子进行自我认识和行为管理。

---

* 时间暂停指通过不理睬孩子来规范不良行为的惩罚方式。——译者注

对于超常儿童，惩罚便会带来情感上的威胁，无法起到任何指导作用，而且少量的惩罚便会带来长期的影响，应该谨慎使用。我们使用"纪律"这个词描述那些帮助孩子学会管理自己行为的方法——在学习管理自己生活的同时实现自我调节，并对自己负责。

纪律既可以从后果（逻辑后果或自然后果）中学习，也可以从我们身边那些自律的人身上学习。有效的养育包括纪律，除了告诉孩子他做错了什么，也要告诉他下次应该怎么做。当你说"故事书不是用来画画的；你可以在纸板上使用画笔"时，你给了孩子明确的方向，告诉他们下次应该如何做出与这次不同的行为。很多时候，父母关注孩子做错了什么，却没有告诉他们应该如何改进，而这正是学习自律的过程中更重要的部分。

惩罚只会让孩子知道什么是不该做的，反复使用严厉的语气、话语和惩罚，不仅会减少沟通，还会破坏关系。这种反对惩罚的建议可能与你成长过程中听到的建议大不相同，过去，父母都相信要打孩子，用手甚至用棍子或皮带打。人们相信"棍棒底下出孝子"，并以此作为管教孩子的原则。人们默认父母会体罚孩子。家里是专制的，而不是民主的。学校也经常使用体罚——甚至是用木棒——来惩罚违规行为。我们现在知道体罚会导致焦虑和抑郁的增加。虽然惩罚会让孩子们在短期内遵守纪律，但并不能教会孩子必要的自我调节技能。[1]

培养自主性

强调纪律的目的是培养自主性——培养一种强烈的内在意识，知道什么是对的，什么是错的，怎样是合适的。对超常儿童来说，自主性非常重要。因为他们在许多方面都与其他人不同，他们在一生中都需要依赖自己的判断，而不是他人的意见。他们独特的思考过程往往会得出与众不同的结论，他们对情况的评估也可能与其他人截然不同。如果超常儿童要成为自主的终身学习者，自主性和自律都是必须学习的。[2]

惩罚来自外部，通常来自年长的大人，而自制力来自内部。管教的重点是教会孩子靠自己的能力思考，而不是出于对惩罚的恐惧，采取恰当的行动。父母要教会孩子理解自己的行为以及这些行为所引发的后果。这种对纪律的理解侧重于用积极的方式教孩子自我监督，培养自主性，以可以预测的、双方都满意的方式负责任地行动，最终实现自我调节。

这种思维上的转变凸显了惩罚和纪律之间的区别。很容易看出，惩罚不能培养孩子独立思考的能力，会让孩子依赖别人来告诉他们应该如何行事。此外，惩罚通常会引起超常儿童强烈的恐惧或愤怒，因为他们独立、固执，对他们认为错误的事情反应迅速。

由于既聪明又固执，超常儿童有一种高阶的能力，能随时随地思考、推理和提问。他们不太可能在没有讨论的情况下就接受命令或父母武断的指令。如果他们接受了，很有可能是出于恐惧，而这种恐惧在日后会滋生怨恨。在指导超常儿童时，我们应该明白，当我们说"因为我这么说了！"这样的话时，他们可能会顶嘴、生气、叛逆或挑衅，知道这一点是很有帮助的。这些孩子想知道做一件事的真实原因。

与超常儿童讨论有时会很困难。例如，一个孩子拿出一份《独立宣言》（*Declaration of Independence*）挑战他的父母："看，这里说人人生而平等——这是一项不可剥夺的权利！你不能对我指手画脚；我们是平等的。"他的母亲回答说："这里说的是男人；你才7岁——还不是男人！"这个孩子立刻上网，查询他什么时候会成为一个男人。他查到了一些有趣的信息，提出了更多问题（有超常儿童的生活永远不会枯燥！）。幸运的是，这位家长并没有用"因为我这么说了"的回答来扼杀孩子的好奇心和质疑。尽管没完没了的问题让人很累，但对超常儿童尽量不要使用严格或没有商量余地的养育方式，这会在未来收获更积极的关系和更好的结果。

保持一致很重要

最重要的原则是设置（并执行）规则和限制时要尽可能地保持一致，另外，父母也要遵守这些规则，这也很重要。当父母的标准、规则和期望不同时，他们对孩子的指导就不明确了，结果往往是成绩不佳、权力斗争、对父母一方或双方的操纵。[3]

　　虽然一般来说，超常儿童需要的限制比其他孩子少，但规则仍然是必要的。只设置你想要并且能够执行的规则，这会增加信任和成功的可能性。

　　无论孩子的年纪多大，原则、规则和限制都能帮助他们控制生活和理解世界。社会上有规则——红色表示停止，黄色表示小心，绿色表示前进。不遵守这些规则的人可能会被罚款。泳池边禁止奔跑追逐，否则后果自负。同样的错误犯第二次，后果会更严重。社会和家庭中的规则和法律确保人们能够安全地生活，相互合作。帮助孩子理解建立规则的原因和不遵守规则可能产生的后果，这会让他们做出更明智的选择和行为。

　　虽然孩子们可能不承认，但明确了规则以后，孩子们会感到更舒服、更安全。即使你的孩子强烈反对建立规则，规则也会为其提供持久的稳定。他知道你设定规则是因为你关心他，这些限制会指导、保护他，你也会一直执行这些规则。因此，他知道你是值得信赖的，因为你说到做到。

　　如果孩子在家庭中没有学会信任，可能也不会信任别人。清楚地说明大家都能理解的限制、规则和期望，能给孩子安全感、稳定感和可预测性，这对孩子从婴儿期到青少年时期的成长很重要。有时，孩子会试探、尝试新的行为，并观察你的反应，看看是否仍然存在规则。其中一些限制，比如准时或尊重他人的隐私，涉及家庭的价值观，并会帮助孩子在家庭和外部社会的背景下了解自己。

制定家庭规则

　　与孩子一起制定家庭规则会让孩子有家庭的归属感。召开一次家庭会议，讨论家务的分配和家庭互动的规则，会是一次美好的学习经历。我们并不是建议你让孩子们制定规则，也不是说让父母被孩子操控。而是当孩子们参与讨论，并感觉自己的意见和想法被考虑进去时，他们更有可能接受和遵守规则。你也可以让孩子帮忙，用他严谨的逻辑寻找规则中的漏洞。

　　超常儿童了解他们对规则的需要后更愿意遵守规则，因此，他们不太可能遵守那些武断的规则，或者仅仅是为了展示大人权力的规则。做决定前先听听孩子的理由；有时它们是正当的。超常儿童在能力、判断力和行为方面有很大的差异，这意味着规则要根据孩子的年龄、经验和成熟度而变化。

我们很容易落入对超常儿童期望过高的陷阱，因为发展不同步，他们的言语和行为都比实际年龄成熟得多。虽然出色的语言表达能力让他们有时看起来或听起来像成年人，但一般来说，他们的经验、情绪和成熟度仍像同龄的孩子一样。就算一个6岁的孩子经常表现得像个10岁的孩子，大人们因为他表现出了6岁孩子的行为而惩罚他，也是不合理的。为了找到合适的平衡，要提醒自己知识和智力并不等同于智慧和经验。查阅关于各个年龄段发展的书籍，观察其他同龄的孩子，了解你的孩子的不同之处。

确立后果

当规则被打破时，你会怎么做？我们建议你使用自然后果和逻辑后果来执行规则，而不是强制执行你为孩子设定的后果或惩罚。自然后果和逻辑后果几乎总是比强加的后果更有效。

自然后果。自然后果是孩子学习的最好方式，因为学习是自然发生的，没有人"教"。然而，始终如一地使用自然后果说起来容易做起来难。举个例子：10岁的安德鲁忘记把他的滑板从马路上拿回来，自然后果是他第二天找不到滑板，或者滑板被雨淋了，甚至被偷了。从长远来看，这些后果都比你把滑板带回家，唠叨他或者强加一个后果给他要有效得多。

允许自然后果的发生是养育孩子最难的一点。首先，它要求你克制自己不去说教，这很难；而且，它要你退后一步，允许你的孩子失败或感到受伤和失去（就像失去滑板一样）。假设你发现了孩子没带数学作业，但你没有提醒他，因为这是他的责任。你把作业留在厨房的桌子上，尽管你知道这样做会有一个自然后果——他会被扣分或者被老师批评。这一课的价值清楚明白，但对于父母来说，不去"拯救"孩子是非常困难的。"虚假救助"不会让自然后果发生。当然，有时候我们的孩子真的处于危险之中，我们必须拯救他们，但错误的拯救剥夺了孩子从自然后果中学习的机会。（注：家庭作业问题的自然后果对多动症儿童并不是特别有效。这些孩子需要父母的检查和提醒，直到他们养成自我管理和自我监督的习惯。）

自然后果可以让孩子自己发现结果，并最终学会自我管理，同时也让你免于陷入不属于你的冲突。允许自然后果的发生有助于避免权力斗争，并保持良好的亲子关系，因为孩子不能因为自然后果的发生而怪罪你。这个后果不是你强加上去的。相反，你可以支持他说："我很抱歉发生了这件事。让我们看看能不能想个办法防止这类事情再次发生。"你可以真诚地表示同情，甚至可以讲一个你年轻时的故事，讲你是怎么从类似的情况中学到东西的。使用自然后果可以让你以一种积极的方式成为支持者、鼓励者和评论员，而不是因孩子没有满足期望而感到失望的愤怒的父母。

逻辑后果。如果你必须对孩子的不当行为进行纪律处分，那么要让这些后果合乎逻辑，而不要强加那些与行为无关的、因为你的愤怒而产生的后果。例如，一个孩子做完科学作业后，把厨房弄得乱七八糟，这时，你没有必要唠叨他，说："你太不体贴人了；这样你让我怎么做饭呢？"合乎逻辑的做法是这样说："厨房的台面上有太多东西了，我没有做晚饭的地方了。"你说在这种情况下不能做饭，意味着晚上家里没有饭吃，至少目前是这样，这将（希望如此）促使孩子纠正这种行为。这种合乎逻辑的后果往往比惩罚更有效，比如禁止孩子看最喜欢的节目，这个惩罚与问题行为无关。

向你的孩子展示合乎逻辑的后果会如何影响他和别人。如果孩子弄坏了别人的玩具，那么他必须买一个新的还给人家。孩子在完成作业的问题上撒谎了，所以你不再允许他在卧室里做作业，而必须在厨房的桌子上做。这些后果可以通过行为合理地推导出来。

强加的后果。父母有时需要通过强加他们自己的纪律后果来加强限制。自然后果可能是危险的或不合适的，或者某个行为可能没有明显的自然或逻辑后果。显然，用自然后果教育孩子不要跑到街上是非常危险的。当限制仅仅是你作为父母所设定并强加执行的，这时，强加的后果就产生了。你制定规则，设置界限，并执行后果。

强加的后果最重要的是要保持一致。如果你不能或不愿意执行这个规则，那么，你最好不要设定它，而不是设定了规则却不坚持到底。不贯彻规则会让孩子知道你不是认真的，或者下次你可能不会坚持到底。当你使用强加的后果时，不要犹豫不决、改变后果或者给出矛盾的信息。你可能会对设置规则感觉很糟糕，然后试探性地执行它们，甚至带有歉意。通过改变后果来传递这种矛盾的信息会让人产生怀疑，并增加未来不遵守规则的可能性，以及与这些规则有关的权力斗争。

通过体验并理解后果，参与设定界限，超常儿童可以很早就学会设定自己的边界。这是自律的开始，也是我们的最终目标。一旦孩子到了能够沟通的年龄，就和他一起制定规则或限制。这并不意味着超常儿童可以制定规则，但如果他参与到这个过程中，会有很大帮助。随着孩子的成长和成熟，他将能够更好地评估自己的行为，而不是依赖大人为他做这件事。

纪律之上的权力斗争

无论是在校内还是校外，自律都是承受同伴压力和取得成就所必需的，但孩子们并不是生来就自律的。只有在多年的练习、在重要的大人的示范和鼓励下，他们才能学会这项重要的技能。有时候，超常儿童会在适当的时间和地点发现他们的独立性。另一些时候，他们强烈的意愿会导致愤怒的对峙。尽管帮助孩子学习自律的初衷是好的，但父母有时会发现自己陷入了严重的权力斗争，感觉很不舒服。

如果你9岁的女儿坚持自己的立场，反驳你的每一个观点，你们可能会在未来，在她青春期的时候，陷入更大的权力斗争。对于这种类型的孩子，管教通常是长篇大论的说教，令人痛苦。作为父母，你不希望陷入可能破坏你们关系的权力斗争。虽然现在，你的孩子在维护自己、控制他人或违抗权威方面的熟练尝试可能会在家庭中造成伤害和冲突，但在以后的生活中，这些执着和推理能力可能是她重要的财富。尝试把这些行为看作孩子的潜能，而不是对你的权威的威胁。面对她的反驳，保持幽默感。帮助她学会有效地、主动地运用推理技巧。10年或20年后，她可能会成为一个领导者——一个技巧娴熟的商务谈判代表、律师或首席执行官。

当你发现自己陷入一场毫无成效的权力斗争时，试试下面的方法。[4]如果你的女儿想在外面多玩一会儿，告诉她你会仔细考虑她的要求，让她准备好自己的理由，在晚饭后说给你听。然后，你要倾听她提出的所有理由，并同意在稍后指定的时间做出最终决定（例如，在晚上7点与另一位家长讨论之后，或在第二天晚上吃晚餐时）。这种做法表达了对孩子的尊重，迫使她提前计划并考虑她的要求的合理性。它还可以帮助父母避免下意识地回答："不！"

一旦孩子陈述了她的理由，她便不能进一步辩护，也不能上诉；这就是最后的决定。在这个过程中，孩子明白她的观点是重要的，她也学到了准备和耐心的重要性。做出肯定的决定时，除了父母设置最终的界限外，不需要进一步的交流。而做出否定的决定时，可以说明原因。你的女儿可能会突然意识到她忘记了一两个理由，并想要补充。但是，由于不能上诉，她只能下次好好准备。如果孩子开始补充，父母不回应就好。

表扬及鼓励指导

我们的长期目标是让孩子学会自律、自我调节和自主性。这并不意味着你永远都不应该将你的意志强加给孩子。外部限制和后果可以帮助孩子理解打破重要的规则或限制的严重性。但从长远来看，表扬在帮助孩子学习自我管理和建立自主性方面会有更大的影响，因为你的赞扬告诉孩子你相信他是有能力的，以及这些行为是你希望反复看到的。孩子相信自己是有能力的，也更能对自己的行为负责。

赞美是一种强有力的奖励，但在亲子关系中很少使用。因为我们希望孩子能够做到最好，所以我们并不总是能注意到他们做得好的地方，也很少称赞。相反，我们关注的是他们还需要改进的地方。孩子们需要我们看到他们的努力和做得好的行为。我们是否欣赏孩子努力完成任务的样子？我们会不会告诉孩子，我们对他们开朗的性格感到多么高兴？我们会感谢孩子帮我们做饭、摆桌子、收拾屋子、迎接客人吗？还是说这些只是我们期待并认为理所当然的事情？

尽管有些家长不愿强化"期待的"行为，但是，"干得好"或"太棒了！谢谢！"这些话有助于强化我们期待的行为，并表示我们的尊重。你的孩子应该为做到了父母期待的行为而受到表扬，因为这是预期的行为，也是你希望能够经常看到的行为。我们可以回忆伴侣或朋友对我们和我们的行为表示赞赏时，我们的感觉有多好。即使那些是别人"期待"的行为也没有关系，比如做饭或在游泳课后接孩子。这会帮助我们理解孩子。对于孩子自我概念的发展和我们的亲子关系来说，家长反馈大量的积极信息十分重要。

表扬应该准确、有效、具体。表扬孩子时，要确保你没有夸大事实，并保证信息的准确性。如果你说"你是有史以来最好的棒球运动员！"或者"这是我见过的最好的照片！"，孩子很容易就能看出来其中的虚假之处。如果你的表扬不准确或者很极端，你会失去孩子的信任，或者让孩子产生错误的自信感。"我喜欢你挡在地滚球前的姿势"，或者"我喜欢你为这张照片选择的不同的蓝色"，这些都是具体的赞美的例子。

赞美行为，而不是孩子。同样，如果表扬和欣赏与特定的行为联系在一起，会更有效。表扬孩子很聪明、有能力对增强自尊并不是很有效，表扬他在某项任务中的努力会更有帮助。[5]与其说"你在演奏钢琴方面很有天赋"，或者"你数学学得真快"，不如说"我很佩服你一直在练习同一个部分，直到这个部分达到了你想要的效果"，或者"你尝试了不同的方法来解决数学问题，直到你找到了最有效的方法。我为你感到自豪"。

经常表扬孩子做对的事情。在帮助别人改变行为的过程中，强化的频率是最容易被忽视的内容，尤其是在刚开始的时候。当孩子努力学习一种不同的行为方式时，仅仅是偶尔地欣赏、鼓励或赞美是不够的。奖励必须非常频繁，让孩子能够保持新的行为，直到其他因素，包括新行为本身，可以提供强化。一开始，奖励的频率和规律性远比奖励的大小重要。最初需要频繁地强化，但随着行为变得更加规律，奖励的频率应该逐渐减低，甚至变成零星的奖励。间歇性强化（想想老虎机——很少有人能获得头奖，但刚刚好能够吸引你，让你玩下去）的效果更持久，有助于让孩子摆脱对奖励的依赖。

使用"三明治技巧"。当纪律和规则夹在两句赞美的话之间时，建设性的批评通常更容易让人接受。例如，你可以说："你正在学着对别人更有耐心，我很欣慰；然而，当你打断大人的谈话时，我很失望，如果你不打断我，我会很感谢你的。我知道你有多喜欢和大孩子以及大人聊天。"使用三明治技巧时要小心，因为如果你忘记加上鼓励的结尾，或者在批评上花费太多时间，它很容易变成"是的，但是……"的表达方式。

关于屏幕时间和社交媒体的纪律

尽管大多数家长都表示，他们对孩子花在电子产品上的时间表示担忧，但关于儿童和青少年使用电子产品的最佳实践的研究仍在不断涌现。研究发现，屏幕时间与孩子的攻击性、情绪和睡眠障碍有一定的关联，我们还发现，屏幕时间会限制孩子进行体育活动，分散他们进行其他活动时的注意力，并会让孩子接触到不符合自己年龄的信息。但同时，电子产品可以增强超常儿童的社交关系，这是他们在现实生活中所缺乏的。在使用电子产品时，要找到平衡。

对于科技，父母应该注意与孩子沟通、教导他们，并做出良好的示范。记住，屏幕时间有不同的类别，包括教育、社交、游戏和被动消费。教育时间是必要而恰当的。社交和游戏时间应该受到监督和管理，个人游戏和被动屏幕时间应该受到限制。电子竞技（团队竞技的电子游戏比赛项目）的出现对一些孩子来说是件好事，但却给他们的父母增加了额外的挫败感。和练习游泳或体操一样，练习电子竞技项目也需要额外的时间。

就像所有其他家庭规则一样，父母应该明确并清楚地传达具体的限制。必要时可以监督孩子在网上的互动，限制社交媒体的使用，尤其是对年纪小的孩子。为了在控制孩子时最大程度地减少关于电子产品的直接权力斗争，可以选择很多方法。尽可能限制孩子在卧室里看屏幕的时间。睡前30—60分钟应停止使用科技产品，也不要看屏幕。睡前一到两个小时只允许进行平静的活动，因为活跃、激烈的活动会影响睡眠。对于年幼的孩子来说，最好在晚上将科技产品收起来。一夜之间拥有一台电子产品是一种特权，这种特权只能在孩子表现出责任感的时候给出。要知道，给出与科技产品相关的时间和特权很容易，而减少已经给予的时间或特权要困难得多。

切实可行的解决方案

• **先肯定情绪，然后处理纪律问题。**出现行为问题时，不要先对事情做出反应，而要先对引发事件的情绪做出反应。如果你向孩子表示你理解他的感受——尽管可能不理解他的行为——可以减少你的管教被拒绝的可能性。接纳孩子的情绪可以帮助他理解自己当下的情况，不管别人是否有同样的感受。人在经历激烈的情绪时，很难条理清楚、合乎逻辑地思考。如果你先处理情绪，孩子更有可能从中学习，并在未来采取不同的行为。

在管教孩子之前先处理情绪能够帮助我们维护良好的亲子关系。如果超常儿童喜欢权力斗争，我们为什么要坚持让孩子按照我们的方式做事呢？如果我们做事太死板，不考虑孩子的感受，不思考其他解决问题的方法，那么我们就是在制造一种非赢则输的局面。我们可能会利用作为父母的权力和权威，让孩子暂时遵守我们的规则，却无法让他们长久地自律。除非孩子理解制定规则的原因，否则他们很可能会生气，也许想要报复，而且一有机会，他们就会按照自己的方式做事。

回忆一下你对特别死板的老板的感受，这能够帮助你理解孩子。你可能表面上看起来很顺从，内心却越来越不舒服，不再尊重老板，甚至疏远他。现在想象有另一位老板，他倾听你的意见，征求你的建议，更温和地指导、纠正你。哪位老板能帮助你更好地学习、表现？

• **评估孩子的需求。**孩子不听话，一般说明孩子需要或想要什么。它可能是简单的安慰或关注。孩子们有时表现不好只是为了获得情感上的安慰。他们想知道你是否真的关心他们，他们希望自己的感受能够得到认可。当你确定了他们行为的目标后，就可以给出更恰当的回应。

不管动机是什么，都必须解决不好的行为问题。了解孩子的需求能够帮助你在管教的过程中尊重孩子。你表达出的同理心可以帮助孩子理解你管教他的原因。即使他可能不喜欢这样做，但他至少会知道你关心他，而不只是想控制他。对于任何年龄的孩子，重要的都是表达你关心他，在乎他的感受，你相信他有能力自我管理，以及你们不是敌人。

- **选择你的战斗**。通过减少小事上的冲突来维持积极的关系。太多的谈话和情绪会给父母带来麻烦。并不是每个问题都值得进行愤怒的对抗，有时，为了让对方服从，我们要付出昂贵的代价。不要设定僵化、武断的限制，限制也不宜过多。虽然我们可能每次都能逼迫孩子完全按照我们的意愿去做，但由此产生的怨恨非常大，很可能会严重损害我们的关系。我们需要问问自己，孩子是否在所有情况下都要服从，服从是否真的那么重要，我们的注意力是否应该放在更重要的问题上。比如，你设定了晚上10点半回家的规则，而孩子去参加派对，10点45分才到家，这迟到的15分钟可能并不值得争论，特别是如果孩子没有迟到的习惯。让孩子给你一个解释，如果理由站得住脚，接受它。

那么争论和反驳呢？因为有很强的语言能力，超常儿童经常会争论，试图用逻辑为自己的行为、推理和观点辩护。父母应该提前想到这一点，并准备主动退出这样的争论："我不准备为这件事争论。"限制太多，或者那些看起来像是"凭空而来"的限制，可能会带来问题，进而演变成不必要的权力斗争。

- **用天赋来解释行为，而不是为行为找借口**。超常儿童的强度和敏感会造成天赋驱动行为的情况。有时候，这种行为并不妥当。虽然天赋可以解释行为发生的原因，但它不能成为做出这种行为的借口。如果需要让孩子知道后果，就让他们知道，而不要一边说"哦，她是我们家最有创意的孩子！"，一边擦除孩子在墙上画的不合适的画。

- **提供真正的选择，而不是选择的假象**。通过给出选项，让孩子做选择，你能鼓励孩子为自己和自己的行为负责。只是要确保它们是真正的选择。在没有选择的情况下，不要询问是否要进行某种行为。例如，不要问她是否愿意打扫房间（"不，我不太想，但谢谢你问我。"），而要提供一个有意义的选择："你是想自己打扫，还是想让我帮忙？"错误的选择或选择的假象是贬低而不是鼓励。可行的选择可以促进相互尊重，鼓励自给自足和自我管理。

- **重新审视你的期望**。有时候，我们需要考虑这样一种可能性，即我们的期望不符合现在的生活。我们真的需要坚持某种特定的行为吗？孩子是否必须每天整理床铺，是否需要吃完盘子里的食物？经常刷牙当然很重要，可以保护牙齿健康，但每天都铺床就不是十分必要了。也许轻轻拂一下被子就行了。想要过多的控制权会导致不必要的权力斗争。重新审视你的坚持背后的原因。你是在重复童年时听到的信息吗？你是在害怕如果让步，孩子会有太多权力吗？你会倾听孩子的意见并尊重他们吗？你的孩子觉得你不讲道理吗？你允许孩子在一定范围内有一些自由吗？诚实地看待自己的真实想法可以帮助你审视自己对孩子的期望。

- **明确期望。**你的孩子知道你想让他做什么吗？一种确认办法是让他重复你刚刚解释过的规则，看他是否已经理解。如果没有，你可以澄清。如果你的指令清晰易懂，孩子能够完成，然而他却没能遵守，那么你就知道这更可能是顺从性的问题，而不是没有理解。明确期望可以减少误解或不遵守规则的机会。

- **支持另一方家长。**如果父母中的一方设定了规则，另一方不应该改变规则，也不要降低标准，除非在特殊情况下，即使是特殊情况，也不要在孩子面前打破规则。比如，你认为你的爱人上周在餐厅吃饭时当众羞辱了孩子。不要背着爱人对孩子说："我敢肯定你妈妈说的不是那个意思。我会跟她谈谈的。"相反，要同情孩子的挫败感，鼓励他思考怎么做能带来更好的结果。然后在私底下，你可以和你的爱人谈谈孩子的反应，以及将来遇到类似的情况该如何处理。

- **爱抚孩子，引起他们的注意，向他们表达爱意。**虽然每个孩子都是不同的，但有时轻轻地抚摸孩子的手、胳膊或肩膀可以帮助她注意听你在说什么。轻轻的抚摸让孩子知道你关心她，因为关心所以设定了规则。父母一般都知道孩子什么时候想要大人搂着他们的肩膀，友好地拍拍他们的背，或者给他们一个拥抱。尤其是年幼的孩子，特别喜欢拥抱。青春期的孩子可能会回避拥抱和抚摸，他们认为这适合年幼的孩子，不适合他们。他们可能更喜欢握手或碰拳。

要知道，抚摸并不是对所有的孩子都有效，如果孩子正在生你的气，那么抚摸也不起作用。有些孩子对所有人的抚摸都很敏感，他们会退缩，好像在说："我现在不想让你碰我！"尊重孩子，不要侵犯他的私人空间，这很重要。对于那些对抚摸敏感的孩子，在抚摸前，确保他们理解并期待这种接触，这样会增加他们开心地接受抚摸的机会。

- **相信孩子会采取明智的行动。** 超常儿童需要父母相信他们做的是正确的事。通过设定规则，并慢慢给他们在这些规则中体验自由的机会，你为他们成功设定自己的规则做好了准备。如果你希望他们遵循你的行为准则，而他们在小时候成功地做到了，那么在青春期的时候，他们也会像小时候一样，值得你信任。当你和他们聊起最近参加的活动和身边的朋友时，你可以让他们知道，你相信他们知道在不同情况下该做什么。作为回报，他们会向你证明他们值得你的信任。

- **逐渐放宽规则，增加自由。** 孩子年纪小的时候，需要更严格的限制，随着孩子的成熟，规则的数量可以减少。随着时间的推移，父母可以轻松地拉回安全网，鼓励孩子自己设定规则。父母的限制总是在那里，但随着成长，以及展现出更强的责任感，孩子应拥有更多的自由。不要在不知情的情况下过早地放弃控制权，把它交给孩子；放松容易，收紧难。当父母突然开始对一个以前没有多少规则或限制的孩子制定规则时，孩子很有可能会反抗或拒绝遵守规则。

- **不要喂养消极情绪。** 想想你对孩子说"谢谢！"或"干得好！"时，你的情绪是什么样的。再回忆一下，当你责备或指挥孩子时，当你大声喊出"放开你弟弟！"或"快点穿衣服！"时，你的声音有多响亮、多尖锐！通常，消极的话比积极的更能引起情绪上的关注。不要大声说"不"，而是要大声说出你的赞美和欣赏，不要悄悄说。

- **要有耐心；不要放弃！** 看到管教策略的有效性（或缺乏有效性）是改进它们的第一步。许多父母非常苦恼地向我们描述他们尝试了几种不同的方法来管教孩子，但都失败了。他们尝试一种方法，使用了几个星期，放弃了，然后又尝试另一种方法，使用了几个星期，接着又尝试另一种方法。他们没有想到，孩子学会了"等待"几个星期，这样就能回到他们平常的生活方式了。学习和实践新的方法需要耐心和毅力。在尝试新方法不到一个月前，不要放弃。如果你尊重并坚持使用这种新方法，孩子的行为就会发生改变。

第七章
完美主义、压力和创伤

虽然天赋是个保护伞，使孩子们免招许多心理健康问题的困扰，[1]但天赋的一些特征，以及无法满足超常儿童需求的环境，可能会加剧孩子们的压力和焦虑。[2]具有高级语言能力的超常儿童可能会接触到令人痛苦的话题，他们在认知上理解这些话题，但由于缺乏生活经验，无法将它们关联起来，也没有能力对此采取任何行动，因此产生无助感。在课堂上没有遇到挑战的超常儿童可能会认为学习对他们来说非常容易，这使他们在面对更困难的任务时出现焦虑、完美主义、韧性不足、缺乏弹性的情况。

人们很容易忽视这样一个事实：超常儿童有很多优势、能力很强，但他们可能会受到较大的压力，需要专业的帮助。家长和老师可能看不到警告的信号，因为超常儿童擅长掩饰、理智化或最小化他们的痛苦，特别是当他们认为自己能够像处理大多数学术挑战一样快速、轻松地解决社会和情感问题时。他们可能不愿意寻求帮助，担心自己失去"聪明能干"的标签。如果不加以管理和支持，日常的压力可能表现为生理的不适，比如头痛、胃痛，这些日常的压力也可能跨越日常焦虑的门槛，成为临床问题，比如可能导致抑郁或萌生自杀的念头。

像所有的孩子一样，超常儿童必须学会管理压力和焦虑。每个人都需要有适应能力和管理自己的能力，在问题发生时能够解决问题。生活中充满了逆境与事件，需要我们以某种方式做出改变。当我们在完成某项任务的过程中犯了错误，我们需要改变我们做事的方式。如果一段关系出了问题，我们会感到失望。适应力强的人在感受到压力时，会学习如何避免担心和让怀疑压倒他们。超常儿童的大脑在制造压力方面可能是他们最大的敌人，但在管理压力方面也可以是他们最好的盟友。

总的来说，超常儿童一般具有更强的自尊心，[3]这表明他们对自己和自己的处境感觉良好。一些研究表明，在公立学校接受合适课程的超常儿童通常比智商较低的学生焦虑程度低。[4]研究也表明，学校课程与孩子的天赋（比如语言、数学、视觉空间）相适应的程度能影响孩子的压力水平。[5]虽然有一些因素，比如提高教育水平、找到合适的同伴，可以最大限度地减小超常儿童的压力，但也有一些因素会产生压力。表5列出了超常儿童的一些压力来源。

表5 影响超常儿童压力的因素

影响超常儿童压力的因素	
内在的 （由内部因素导致）	外在的 （由外部因素导致）
• 高强度	• 同龄人间的向上比较
• 过高的标准和预期	• 其他人对于能力的负面反应
• 能力发展不同步、不均衡	• 缺乏智力挑战
• 害怕长期目标的失败，或在第一次尝试时害怕失败	• 教育不匹配
• 害怕成功	• 其他人过高的期望
• 因为在多个领域充满潜力而感到压力（也就是多重潜能）	• 缺少同龄人间的共同兴趣

发育不同步

发育不同步会给超常儿童带来压力，尤其是当他们的判断力和情感成熟度落后于智力时。超常儿童的认知能力通常远高于他们的实际年龄，但判断力往往更接近实际年龄。尽管8岁的超常儿童能够像12岁、13岁甚至16岁的孩子一样理解数学概念，但年幼的孩子对如何行动的判断可能更接近他们的实际年龄。智力和知识与情感成熟度、理解力、智慧不同。一个6岁的超常儿童也许能够像12岁的孩子一样，讨论计算机应用程序或解复杂的数学题，但她晚上可能仍然需要搂着最喜欢的玩具或毯子睡觉。

情感和智力成熟的不同步。 拥有大孩子或成年人的智力，却有着与年龄相适应的情感发展，这会给超常儿童带来压力。虽然他们能理解造成飓风等自然灾害的物理力量，但他们在情感上无法理解这些悲剧事件的深远后果。正如莱塔·霍林沃思（Leta Hollingworth，早期超常儿童教育的领导者）所说："把成年人的智力与孩子的情感放在孩子的身体里，会造成很多困难。"[6]

有些大人没有发现孩子的能力发展不同步，他们可能会陷入这样的陷阱：他们期望孩子表现出"更大"的心理年龄，而不是更小的生理年龄。就像那些因为比同龄人长得高而显得年长的孩子一样，说话像成年人的超常儿童也可能被认为比实际年龄要大。当孩子在情感上表现得不成熟时，成年人会感到困惑，因为孩子在其他方面表现得明显更成熟。成年人很容易犯这样的错误，认为一个能够自如地使用复杂词汇和概念的孩子也能够处理复杂的情感和人际关系的问题，并能够参与讨论，即使他的情感发育并不超常。由于孩子在情感上和其他同龄的孩子一样，因此，当成年人对孩子的情感成熟水平有着不切实际的期望，并且因孩子表现出情绪化的行为，没有达到他们的期望而表达批评或失望时，孩子的压力会增加。如果一个孩子表现出不同步的行为特征（比如，在社交技能或注意力调节方面），要考虑他们是不是双重特殊儿童（详见第二章），这很重要。

能力的不同步。 不同步不仅仅是判断力和情感发育落后于智力。超常儿童在其他方面也表现出不同步的特点。例如，对年幼的超常儿童来说，在完成艺术作品时，她的手指不听从她的想法，这很常见。她可以用高级的艺术理解力想象作品是什么样子的，但她的精细运动能力还没有充分发展到能够创作这个作品的程度。一个数学能力高于平均水平，但加工速度*和同龄人一样的超常儿童，在学校参加定时的数学考试时，可能会感到沮丧。

在与学术技能有关的能力上出现极端不同步发展的超常儿童可能会表现出学习障碍的特征，比如阅读障碍、书写障碍或计算障碍。这种不同步会导致低自尊和抑郁。[7]在尝试某些学术任务时，这些孩子的整体能力与任务难度之间的差异会

---

* 加工速度指个体执行不同认知操作的快慢程度。——译者注

令他们感到沮丧、不知所措。孩子可能认为对他来说很容易的任务是不重要的，而那些困难的任务则是他智力不足的证据。在他看来，他的价值更多地体现在对他来说困难的任务上，而不是那些容易的任务上，他以他不能做什么而不是他能做什么来评价自己。如果没有对这些困难领域的支持，具有这种学习特点的孩子可能会发展为习得性无助。

人际关系不同步。还有一种类型的不同步，就是一个人似乎无法融入周围的世界。超常儿童在很小的时候就意识到他们与别人不同，并且经常感到与家人和朋友的"步调不一致"。即便父母努力提供接纳、支持的氛围，超常儿童仍然会感到无法融入。他们可能会觉得自己与同龄人、传统文化、社会习俗不同，或者在学校里感到格格不入。那些天赋异禀、富有创造力、思想独立的孩子在没有考虑到他们需求的环境（尤其是教室）中很容易经历这种社交不和谐。[8]

完美主义

虽然完美主义不是超常儿童特有的，但有一些独特的因素解释了为什么一些人会发展出完美主义倾向，以及这种倾向是怎么发展出来的。影响完美主义发展的一个主要因素是学习环境缺乏挑战。超常儿童很早就知道，他们只用付出一点努力就能轻松地完成学业，并认为这证明了他们很聪明。当他们终于面对一项困难的学习任务时，他们的自我认同会遭到破坏。经常因为聪明而受到表扬的超常儿童可能会这样认为：如果他们聪明，事情就会很容易。

超常儿童经常设想理想的行为、表现和环境——为自己、为社会，甚至为整个世界。他们看到了事情发展的可能性，但同时，他们也清楚地看到了自己或社会是如何偏离目标的。他们崇高的理想常常使他们感到压力，使他们要为这个世界做出重大的改变。因为他们有巨大的潜力，其他人可能对他们有更多的期望。当超常儿童的完美主义让他们期望这个世界是完美的时，他们会背负沉重的压力。这些孩子一般很难忍受日常生活中的不完美和挫折。

健康的完美主义和不健康的完美主义。在追求卓越方面，完美主义是珍贵的驱动力。设定高的个人标准、寻找重视完美主义的领域是成功的必要条件。[9]在神经外科中，精准度必不可少——这是健康的完美主义。但有些完美主义是不健康的，比如"被驱使"着追求不切实际的高目标，因目标无法实现而承受巨大的压力和痛苦。一些完美主义者认为，如果没有达到自己的高标准，那将是灾难性的。他们觉得自己的价值只在于他们所创造的东西，而不在于完整的、会犯错误的自我。

区分健康的完美主义和不健康的完美主义是很有用的。健康的完美主义可以被视为追求卓越，它意味着在你现有的时间和条件下尽你所能地做到最好，然后继续努力。不健康的完美主义会让人一直感到不满，因为工作永远"不够好"。心理学家莫林·内哈特曾说，完美主义就像胆固醇，有好有坏。[10]孩子（和父母）理解这两种类型后会从中受益。

完美主义学生的几种类型。父母环顾孩子的房间，或者看着他们凌乱的书包，可能会认为他们的孩子不可能是完美主义者。但完美主义有几种表现与我们的预期不同，特别是与学习成绩有关的方面。吉尔·阿德尔森（Jill Adelson）和霍普·威尔逊（Hope Wilson）列举了几种在超常儿童中观察到的完美主义类型：[11]

- **学术成就者**——必须每项任务都达到100分的成绩。如果没有达到，就对自己非常苛刻。
- **准确性过度评估者**——做作业或完成任务时，因为不是"刚刚好"而反复重新开始。
- **风险逃避者**——觉得自己能够完美地完成任务时才开始尝试，否则就逃避任务。
- **控制形象管理者**——要么根本不尝试，要么只付出一点点努力，这样就能够声称如果更加努力，他们就可以完美地完成任务。
- **拖延的完美主义者**——不能开始一项任务，因为一直思考自己想要的结果是什么；担心结果不符合他们的期待，因此无法开始。

完美主义的几种类型

一些家长担心他们对孩子的期望过高，导致了孩子的完美主义。大多数情况下，虽然家长可能在无意中助长了完美主义，但这不是主要原因。了解引发完美主义的压力源能够帮助父母支持与完美主义做斗争的孩子。保罗·休伊特（Paul Hewitt）和戈登·弗雷特（Gordon Flett）开发的多维完美主义量表描述了三种类型的完美主义：自我导向型（self-oriented）、社会导向型（socially-prescribed）和他人导向型（others-oriented）。[12]

自我导向型完美主义。自我导向型的完美主义来源于一个人的内在。追求卓越的驱动力（健康的完美主义）或坚持不切实际的高标准（不健康的完美主义）都基于内在的驱动力。总的来说，如果一个学生能够发现自己的优势和不足，自我导向型完美主义往往是危害最小的。一个有天赋的学生发现要求自己在高中修完所有的大学预修课程（并且所有课程都得A）是不现实的，这是自己强加给自己的标准，因此选择放弃两门课程，同时把精力集中在他喜欢的课程上，这是一种健康的完美主义。那些因为自己"应该"能够承担这些学习内容而拒绝放弃任何课程的学生，面临着不堪重负和精疲力竭的风险，这是不健康的完美主义的结果。

社会导向型完美主义。那些因为感受到来自家庭、老师或同伴的压力而表现出完美主义特征的学生经受着社会导向型的完美主义。家庭往往是第一个无意中培养这些特质的地方。在家里很容易陷入这样一种模式：孩子的表现和取得的成就比孩子生活中的其他方面更受重视、更容易得到奖励。即使是最为孩子着想的父母也会在无意中培养出完美主义。他们检查孩子的家庭作业，确保孩子写下的所有答案都是正确的，如果出现了错误，他们坚持要孩子改成正确的。他们很警惕，把注意力放在成绩单上唯一一个B上，而不是放在六个A上，这种行为在无意中培养了完美主义。父母的目标值得钦佩；如果我们想让孩子进入竞争激烈的大学或者有一份理想的工作，为此设定高标准是可以理解的。但是，当对成就的追求干扰了日常生活并造成了很大压力时，就要减轻压力了。

他人导向型完美主义。面向外部或以他人为导向的完美主义通常不被认为是完美主义。纠正老师的小错误或对其他学生非常挑剔、在小组中无法与其他同学友好合作的学生，可能表现出他人导向型完美主义的迹象。对他人不切实际的期望会阻碍健康的社交关系。有时，这种类型的完美主义源于超常儿童想要提供帮助，尽管他们误解了别人被纠正时的感受。在另一些情况下，他们可能是想用自己的知识给别人留下深刻的印象，或者再次确认自己很聪明。

管理完美主义

一些聪明的学习者难以忍受模棱两可，这是他们完美主义的一部分。一个喜欢有明确的正确答案的孩子，可能会在有多个正确答案甚至没有正确答案的任务面前感到无力。完美主义会让有天赋的学生厌恶模棱两可的任务，他们害怕承担风险。复杂的数学问题是可以解决的，但解读一篇文章的开放式回答则是一个更难完成的任务。认识到令人望而生畏的是不明确性，而不是任务本身，会帮助超常儿童。管理完美主义带来的无力感的关键是找到"已经很好了"的回应，并增强韧性，忍受这种冒险所带来的不适感。

虽然完美主义者不太可能完全停止完美主义倾向，但可以学习管理完美主义。这样，伴随着对自我温柔的接纳，完美主义会成为一种健康的、实际的工具，帮助人们追求卓越。以下三个问题可以帮助孩子管理完美主义，他们可以就自己的表现问自己：（1）我的表现够好吗？（2）从长远来看，这真的重要吗？（3）可能发生的最坏的结果是什么？

另一个平衡完美主义的方法是"5-5-5问题"。问问自己不完美的结果会影响多长时间。5天后这个结果还重要吗？5个月之后呢？5年后呢？（所使用的间隔时间因孩子的情况和年龄而异，可以是几分钟、几小时、几天。）从现在的情况中抽离出来，可以帮助孩子从更大的角度来看待这件事。

对那些极度抗拒或对不完美的情况感到焦虑的孩子，可以鼓励他们故意做一些不完美的事情，增加对不完美的容忍度，培养韧性。如果害怕考试得不到100分，最好的解决方法就是故意选错几道题的答案。如果因为上交的作业只完成了一部分而感到恐慌，可以有意识地提交一些不完美的作业，通过这种方式来缓解恐慌。有天赋的学生（或他们的父母）可能会对这个方法犹豫不决，但关键是，在一个可控的环境中体验这样的错误，并意识到这些错误从长期来看没有什么影响，会让孩子摆脱完美主义的控制。

创伤与超常儿童

超常儿童可能会经历和同龄人一样的创伤。有"大T"*创伤，比如被严重忽视、在自然灾害中幸存、目睹或经历暴力或身体虐待。还有"小t"创伤，它可能更不容易被察觉，但仍然具有影响。"小t"创伤包括长期被霸凌、间接经历创伤事件，或者是成为一个没有被发现、没有人支持的双重特殊儿童。

经历了创伤却没有得到支持，这会导致孩子难以调节自己的情绪。经历过创伤性事件的人可能会处于一种持续高涨的情绪状态中，这种情绪会影响生活的方方面面，包括人际关系、学习成绩、工作表现、生活满意度。不同的人经历同样的事件，反应可能截然不同。对于"小t"创伤来说，造成压力或创伤的不是事件本身，而是人们对事件的看法。一个人经历了一次"小t"创伤，可能几乎没有受到长期影响，而另一个人经历同样的事件，可能会受到严重的创伤。个人性格、应对技巧和外部支持都可以减轻创伤性事件的负面影响。

经历创伤性事件之后，个体受到事件的余波困扰，可能会过度警觉，包括无法集中注意力、身体出现压力增加的症状（比如心跳加快）、容易害怕或容易受到惊吓、对考试的焦虑增加、出现攻击性行为。警觉度过低也是创伤反应，比如回避或关闭感觉、逃避任务、表现冷漠。

有关创伤对超常儿童的影响的研究很少。然而，如果我们从天赋的角度来看待创伤，就能理解创伤事件是如何影响超常儿童的。我们需要考虑以下几个风险因素：

• **高级的语言表达能力。**一个言语理解能力高于同龄人的孩子，能够理解并内化他们收到的信息，无论这些信息来自在他们面前争吵的大人，还是来自新闻中曝光的灾难性事件。但由于超常儿童的年龄小、资源有限，他们可能会出现创伤性反应。培养能动性来减少无助感，再获得被支持的机会，这些是减少创伤负

---

* "T"和下文中的"t"均为trauma（创伤）的首字母。——编者注

面影响的关键。例如，帮助超常儿童找到筹集资金的方法，用这笔钱支持在饱受战乱之苦的国家中忍饥挨饿的孩子，这种方法通过帮助超常儿童应对世界上正在发生的事情，给了他们一种控制感。

• **非典型的同伴关系。** 如果一个超常儿童因为找不到有相似兴趣和能力的同龄人而交不到朋友，那么他可能会因为没有支持网络而更容易受到创伤。此外，这也可能增加这些孩子被霸凌的风险，因为他们比其他学生更孤单。

• **长期的压力和不健康的完美主义。** 在竞争激烈的学术环境中，逼迫自己参加所有荣誉课程或预修课程的超常儿童，可能会对预期的强度产生创伤性反应。将失败内化，而不是用强大的支持系统化解，可能会导致他们在以后出现类似的情况时产生创伤反应。

• **不匹配的学习环境。** 如果学生被安排在一个缺乏激励的课堂上，或者老师不理解、不重视或不支持有天赋的学生，他们就有遭受创伤的风险，因为他们的需求被忽视了。双重特殊儿童的风险更高，因为他们的一个或几个独特的学习需求不被看到、不被满足的情况并不罕见。

有天赋的学生可以利用自己的长处来克服创伤经历。抽象推理能力和高级的想象力可以帮助孩子以安全的方式谈论并化解他们对创伤的情绪。在身边大人的支持下，他们可以利用自己的能力产生想法，在受到创伤的情况下采取有益的行动，获得对此类事件的自主性和力量感。获得控制感、消除对无助的恐惧是减少创伤影响的关键因素。虽然超常儿童无法消除他们所经历的创伤，但他们可以努力控制生活的某些方面，以尽量减少创伤的影响。

压力和自我对话

我们内心的声音——"自我对话"——决定着某件事是一场灾难，还是一个学习和成长的机会。[13]这种想法已经存在了几个世纪。莎士比亚（Shakespeare）在《哈姆雷特》（*Hamlet*）中写道："世上之事物本无善恶之分，思想使然。"（第二幕第二场）马克·吐温（Mark Twain）曾经说过："我知道很多很大的麻烦，但绝大多数从未发生过。"自我对话是我们头脑中小小的声音。它是关于当下的情况、我们的行为，或与别人的互动，我们对自己说的话。我们在很多方面使用自我对话。有时我们用它来提醒自己去做该完成的任务，或者让事物保持井然有序的状态，或者让自己专注在一个项目上，或者不要做出不恰当的评论。我们也用它来评价自己，通常是负面的评价。我们更有可能对自己说"我刚才做了一件蠢事"，或者"我永远不会成功的"，而不是"做得好！""干得好！"

自我对话是一种日常习惯，大多数人都没有发现，他们一直在这样做。由于很早就发展了语言能力，有些超常儿童在两三岁时就开始自我对话了。年幼的孩子经常大声地自言自语，例如，"别忘了刷牙"。随着年龄的增长，他们对周围环境的意识越来越强，自我对话变得更加私密。自我对话可以帮助孩子自我控制，他们在自我对话中重复父母对他们的指令、警告和纠正，比如，"我应该小心不要把猫放出去"，或者"我不应该对我的小妹妹太粗暴"。

自我对话可能是适应力强或具有不安全感的标志。适应力强的人的自我对话专注于解决问题和正确地看待问题。感到不安全的人的自我对话则是自我批评，专注于负面结果。超常儿童，不论是表现出色的学生还是落后的学生，都会感到不满足，并会进行消极的自我对话。[14]

自我对话在孩子的日常生活中起着重要的作用，它与自我概念和自尊感密切相关。因为自我对话会影响孩子的情绪和行为，孩子必须学会管理它，这样自我对话才能帮助他们，而不是阻碍他们。在这方面，可以利用超常儿童的批判性思维和语言能力。许多超常儿童能够比同龄人更早地捕捉到自我对话背后的想法，并理解我们的想法是如何影响我们的行为和情绪的。

认知行为治疗（cognitive-behavioral therapy）是最早将自我对话的觉察和使用整合到培养适应力的过程中的技术。觉察破坏适应力的思维模式，是更有效、更健康地重塑这些模式的关键。在管理压力和焦虑的过程中，自我对话的错误包括：

- **心理过滤器**：心理过滤器只关注那个（通常是很小的）负面事件，而不是许多进展顺利的事情。用一滴黑色墨水（代表消极的事件或想法）使一整壶水（代表发生的所有中性或积极的事情）改变颜色来类比，可以很好地解释心理过滤器的概念。心理过滤器会让人因为一件小事没有解决，就觉得美好的一天被毁了。

- **低估积极的事件：** 在某种程度上，这是心理过滤器的翻版。这种自我对话的错误不是忽视积极的一面，而是主动地将成功或其他好的结果的重要性降到最低。学习能力很强的超常儿童容易低估积极的事情，认为它们没有价值或不重要。"那次考试我没怎么努力，得的A不算数。"这就是低估积极事件的例子。

- **双目视觉：** 高度聚焦于单一的小事件或情况，夸大事件的影响，被称为双目视觉。它会使人过于专注一个问题，而忽略了大局。一个超常儿童在一次考试中得了C，他可能会觉得自己很失败，尽管他这学期其他所有的考试成绩都是A。

- **不合逻辑的信念：** 当我们把不合逻辑、不合理的信念融入自我对话，得到不恰当的"应该"时，最大的压力源出现了。大多数情况下，这些"应该"来自别人灌输给我们的价值观，或者来自我们自己强烈的理想主义。尽可能地把"应该"换成"如果……就好了"，这样听起来事情就没那么重要，也不是必须做的了。在这种情况下，"我应该更有条理"，在自我对话中就变成了"如果我更有条理就好了"。这样的表达降低了期望的紧迫性，让我们更加实际地看待自己的行为。表6列举了一些常见的不合逻辑和不合理的信念。

表6 不合逻辑和不合理的信念[15]

- 所有人都必须喜欢我，我也应该喜欢所有人。
- 如果有人对我不好，我就讨厌他，再也不和他说话。
- 我必须在所有方面都表现完美。
- 如果我做了不该做的事情，我就是个坏人。
- 一旦事情没有按照我想要的方向发展，我就无法解决。
- 生活是不公平的，我什么也做不了。
- 对每一个问题，我都应该能够立刻找到完美的解决方案。
- 如果我不开心，那是因为别人所说的话、所做的事，并且我什么也做不了。
- 如果发生了不好的事情，我的想法卡住了，那么我将无法继续前进。
- 如果让别人开心的事情，不能让我也开心，那就是我有问题。
- 我无法摆脱过去发生的负面事情。

鼓励健康的自我对话

父母如何帮助孩子避免自我对话的错误？改变自我对话的内容，评估自我对话的准确性，这些不是父母一次性就能教会孩子的。这些能力是随着时间发展的。首先，帮助孩子理解自我对话和想法对行为、情绪的影响；然后，和他们聊聊前文所描述的错误的自我对话的例子。理解是觉察自我对话及其后果的基础。

觉察到自我对话的孩子在未来不太可能将自我对话建立在隐藏的"应该"上，因为他们可以评估自己是否对自己和他人设定了不合理的期望。如果没有人教他们常见的思维错误，他们就不会意识到消极的自我对话对自己情绪和行为的影响。他们可能会继续犯这些错误，直到这些错误深深地嵌入他们的思维方式，深刻地影响他们的情绪和人生观。这会造成不必要的压力、无法自我接纳，以及失望、沮丧、愤怒等情绪。父母可以提醒孩子，造成压力的不是事件本身，而是他们如何看待这些事件。

超常儿童的自我对话是如此娴熟，发生得如此迅速，对于大部分超常儿童来说，指出自我对话中的陷阱并不足以帮助他们进行自我管理。事实上，如果超常儿童没有足够的工具管理自我对话，那么指出这些错误可能会给他们带来更多的压力。他们可能会想"哦，我又开始'错误地'思考了！""我太蠢了"。孩子们需要练习和指导来学习如何避免消极的自我对话。我们对孩子说的话会成为他们内心独白的基础。通过觉察自我对话，指导孩子以健康的方式重新构建他们的想法，管理不适的情绪，我们能帮助孩子在面对逆境时变得更有弹性、更灵活。表7列出了一些管理消极自我对话的方法。

表7　克服消极自我对话的方法

	讨论自我对话	
	基本原理	**具体方法**
方法	父母很少直接地和孩子讨论自我对话。鼓励孩子有意识地觉察自我对话，这是理解情绪、找到调节情绪方法的基础。开诚布公地讨论自我对话可以建立融洽的亲子关系，并为孩子的思考提供不同的视角。	探索孩子的想法。对日常生活中一些平淡的事情和孩子感到痛苦的事情提出具体、中立的问题。比如，"当你看到电视上播放那件事时，你是怎么想的？"或者"那件事发生的时候，你在想些什么？"。如果孩子很难觉察到自我对话的发生，可以尝试画一幅带有想法泡泡的卡通画。

<table>
<tr><td colspan="3" align="center">在孩子的心里创造一个想象中的角色，并给他起一个名字。
将消极的自我对话和他们的自我意识分开</td></tr>
</table>

基本原理	具体方法
创造一个想象中的角色，他是内在对话的主体，通过这样的方式将消极的自我对话在外部呈现出来，这样能够帮助孩子降低消极的思想带给他们的威胁。"担忧霸王""消极的傻瓜"，这些角色提醒孩子们，他们没有因这些负面想法而被指责，因此他们有机会反驳那些负面想法。	给孩子赋能。对孩子说："哇，听起来'担忧霸王'今天一直在攻击你。我听到他通过自我对话向你传递了各种负面信息。我们怎么才能从他手中夺回力量呢？"重塑这些负面的想法，让它们回归中性。

练习预测结果

基本原理	具体方法
对于那些习惯性地预期负面结果的孩子来说，学会预测符合实际的结果是很有价值的。	探索替代方案。让孩子思考并预测未来可能会出现的三种结果：（1）最差的结果；（2）最好的结果；（3）最可能出现的结果。然后，请他们评价自己的预测结果，讨论为什么一直以来，他们更倾向于相信消极的结果。进行头脑风暴，讨论有什么办法可以在将来避免这种情况的发生。

这是我的问题吗，还是其他人的问题？

基本原理	具体方法
敏感的孩子会将他人的批评内化，特别是来自老师或同龄人的批评。外界的期待也会给他们带来压力，尤其是当这些期待与孩子自己的预期大相径庭时。告诉孩子，有人批评他们的行为并不意味着他们需要改变，这是学习自我保护边界的健康方式。	寻找根源。教孩子问自己："这是我的问题，还是别人的问题？"帮助他决定是否要回应对方的期待和信念。分析批评的逻辑，决定要不要回应。知道自己是有选择权的，自己可以选择接受或者回应批评，这会让超常儿童拥有力量。

期待进步，而不是完美

基本原理	具体方法
许多对于成功的标准都是结果导向或是成果导向的。你有没有在考试中得到A？你是否在象棋比赛中获胜？但，专注于过程和在向目标前进的过程中取得的进步，才是更好的衡量成功的标准。	发现进步。鼓励孩子思考各种结果，包括积极的结果和消极的结果。在整个过程中，即便没有达到预期的效果，获得了哪些成长？通过对话模拟，将这种方法渗透到孩子的自我对话中。

停止责备的游戏		
	基本原理	**具体方法**
方法	虽然别人的行为可能确实影响了事情的结果，但指责别人应该为糟糕的结果负责并不能减轻压力。指责别人会增加无力感和挫败感，同时让我们处于被动状态，而不是主动、自信的状态。超常儿童要学会从困境中跳出来，摆脱无力感，采取主动的行为，将有挑战性的情况看作学习经验，以减轻自己的压力。	承担责任。引导孩子将关注点更多的放在有挑战性的情绪上，而不是应该去指责谁。讨论下次要采取什么方法来改善这种情况。不要说"我这次没有考好是老师的错，有的考试材料他甚至没有讲"，引导孩子这样说："考试中出现了我没有预料到的内容，我感到非常挫败和懊恼。现在，我知道老师会考课本上的题目，就算他在课上没有讲，下次考试前我也要更全面地复习。"
寻找证据反驳消极的想法		
	基本原理	**具体方法**
	感到受伤时，我们会相信消极的自我对话，无法评估目前的状况，也找不到能够反驳消极想法的证据。如果我们对自己说"我真蠢"，我们可能会忽略与之相反的信息，增加挫败感、压力和负面情绪。	如果我们不去寻找，就永远都找不到证据。问自己："事情很糟糕，证据是什么？"寻找数据，反驳消极的想法。找出之前没有考虑到的其他方面，这将帮助你有效地管理自我对话和因此产生的压力。

与压力有关的身心联系

我们有时忽视了身体健康、压力和我们怎样处理不适情绪之间的关系。对于身体对压力的反应建立更强的觉知，有助于我们在情绪失控或爆发之前主动采取措施来调节情绪。

如果你发现孩子在一天中的情绪变化很快，看看他们是否有身体上的不适，这些不适可能会增加他们的痛苦。例如，"饿怒症"（hangry）这个口语词汇，完美地形容了由饥饿引起的症状：烦躁情绪增加，对挫折的容忍度降低。许多孩子很难发现与饥饿有关的特殊的身体感觉，也不太可能发现饥饿会影响他们的情绪。你要有意识地觉察，帮助孩子发现身体不适和情绪之间的联系，这可以为情绪失调提供一些快速又简单的解决方案。衣服不舒服、温度不合适或者疾病也是可能的原因。HALT——Hungry（饥饿）、Angry（愤怒）、Lonely（孤独）、Tired（疲倦）

的首字母缩写——是另一个帮助发现和解决情绪失调的工具。

压力不仅会导致身体不适，还会引发特定的生理反应。如果孩子们在情绪失调之前注意到这些压力的迹象，就可以主动调节自己的情绪。如果孩子知道自己在感到尴尬时，会脸颊发热，他们就能在尴尬变成沮丧和愤怒之前离开。帮助孩子学会识别压力状态下身体发出的信号；帮助他们画一张身体图，注明感到不适时的身体症状（比如胃不舒服、脸颊发红、握紧拳头或心率加快）。

使用正念来减轻压力

"正念"（mindfulness）一词广泛应用于改善情绪和减轻压力的各种方法和技术中。就我们的目的而言，正念指的是我们的经历、焦点和注意力之间有意识的联系，无论它们是内部的（在我们的身体内）还是外部的（在我们生活的环境中）。对正念策略的研究表明，使用正念可以帮助超常儿童远离抑郁、焦虑和不健康的完美主义。[16]

一些超常儿童可能对使用正念减轻压力持怀疑态度。他们觉得这很愚蠢，或者他们觉得自己已经尝试过了，但没有效果。然而，生物反馈技术和多层迷走神经理论的研究表明，我们不仅能够影响身体对压力源的反应，还可以使用正念减少负面情绪的强度，更快地回归平静状态。[17]这些技巧可以放松我们的身体，缓解思想的紧张，帮助我们更好地管理压力状态下的不适感。

当一个人感受到压力时，他的呼吸频次会增加，心率会加快，胃会收紧，脖子和全身的肌肉都会变得紧张，处于"高度戒备状态"。承受巨大压力的人很少能冷静、清晰地思考。减少身体的紧张对缓解压力会有所帮助。虽然深呼吸、肌肉放松的技巧和可视化练习都需要时间来学习，但它们都是自我控制的有力工具。孩子可以在压力反应过去之后使用这些方法来"重置系统"，或者只是用来减少日常压力。

缓慢、有控制地呼吸可以控制怯场甚至惊恐发作。当人们感到焦虑时，会呼吸急促，不能充分清除肺部的二氧化碳，因而更加焦虑。专注的深呼吸改变了这种呼吸模式，能让孩子将注意力集中在压力之外的事情上。

在孩子心态平稳的时候教授这些技巧，而不是在出现危机的时候，这很重要；经历暴风雨时，可不是教航海技能的时候。与学习任何新技能一样，孩子需要反复练习才能在压力下使用这些正念技巧。

阅读疗法和电影疗法

另一种教孩子管理情绪、处理困难情况的方法是读书，或者观察其他人，无论是现实生活中的人还是虚拟世界的人，观察他们是如何应对这些挑战的。大多数超常儿童都喜欢阅读，并且很容易与书中的人物产生共鸣。孩子们看到书中的角色与他们面临同样的压力时，他们可以学习应对方法，同时感到自己没有那么孤独。书籍可以让压力以不具威胁性的方式呈现，从而帮助孩子在没有直接对抗的情况下获得对各种问题的看法。所有书籍，无论是小说还是非小说，都可以帮助超常儿童探索他们的特点和人际关系：感受强烈、敏感、完美主义、孤独、与众不同。传记还可以成为超常儿童学习的有力工具。也有很多专门为超常儿童写的书，其中提供了应对常见问题的方法。

看电影是另一种引人入胜的、安全的方式，可以让你逃到电影角色的世界，看他们如何应对生活挑战。一些电影描绘了天赋异禀的人物如何应对压力；另一些虚构的场景则与超常儿童在生活中的挣扎有关。与孩子讨论这些电影角色并加以引导，可以帮助孩子培养洞察力，看到不同的观点，增加积极变化的可能性。

阅读疗法和电影疗法都有一些不足。书籍和电影中，并非所有内容都适合孩子，故事描述的准确性也值得商榷。父母必须谨慎选择，不要过于直接。书籍和电影可以为孩子们提供一种温和的方式，来发展他们的社交和情感能力；超常儿童会在角色和他们自己之间建立联系，不需要父母为他们这样做。阅读疗法和电影疗法并不能取代实际的治疗或咨询，但它们可以帮助孩子培养洞察力，逐渐改变孩子的看法和行为。

切实可行的解决方案

- **不要忽视或否认问题。**我们需要发现产生压力的问题，并加以解决。忽视或否认问题，表明这个问题不真实或者不重要。即使我们暂时无法解决问题，回顾当时的情况、想法和感受也是有帮助的。一个悬而未决的有挑战性的情况，不利于有效地解决问题，并可能让孩子今后不愿再与你分享他所遇到的困难。聊天可以更有效地解决问题。花时间听你的孩子说话，一起讨论他们的压力和担忧。肯定他们的情绪，给情绪命名，"我看出来你真的因为这件事感到非常沮丧"。不要否定他们的担忧，不要这样说："嗯，那真的没什么大不了的！"或者说："没必要担心这个。"

- **关于大人遇到的问题，向孩子提供符合其年龄的信息。**察觉到大人问题的超常儿童，可能会在他们的脑海中放大问题，夸大问题的严重程度。孩子对问题的想象可能比实际情况糟糕得多。一个没有或者只有很少相关信息的超常儿童可能会疯狂地推测，用创造性的想法填补信息的空白。你必须在提供足够的信息和背景，让他们放心的同时，避免不符合他们认知年龄的信息给他们造成负担。你们的对话应建立信任和开放的沟通。看到孩子的担忧，并让他们知道大人正在处理这个问题。"爸爸和我都在关注我们的财务状况。你是安全的；我们不会突然就没钱了。这个月我们只是花了更多的精力仔细规划。"

- **倾听，但不要直接提出建议。**直接提出建议会否定孩子的经验。"你对自己太苛刻了！"或者"为什么不能就这样把你的课题交上去呢，别想了！"这样的评论会给孩子更多的压力。这些话像是在说，你是错的，而孩子们之前已经觉得自己做错了。不要主动提供建议，而要鼓励你的孩子"大声地"说出对问题的思考，描述他们尝试过的解决方案和他们的感受。接着请他们解决问题（"你有什么办法来解决这个问题？"），让他们感受到自己在独立做决定，自己可以控制一种让人不太舒服的情况。

- **父母不要过度干预。**过度参与孩子日常生活的父母会助长一种依赖关系，在这种关系中，父母不让孩子学会自我管理。这种育儿方式也被称为"直升机式育儿"（helicopter parenting）或"扫雪机式育儿"（snowplow parenting）。为孩子解决问题会损害他们的独立性，剥夺他们成长的机会，并可能导致习得性无助。教育孩子为自己的行为负责，承担相当一部分的家务，并管理正常的压力，这些都是他们自我管理的一部分。

- **用幽默缓解紧张。**有人曾经说过，一个没有幽默感的人就像一辆没有减震器的汽车——路上的每一个坑洼都让他颠簸。如果孩子们听到家人自嘲，嘲笑自己身上不完美的行为，他们就会看到问题中的幽默，更有可能从容地接受错误。嘲笑自己的缺点有助于中和完美主义，促进对错误的接纳。家长要鼓励轻松愉快的幽默感，但不要鼓励冷嘲热讽，那可能造成误解和伤害。

- **探索真假警报。**有时候，我们在没有遇到真正的威胁的时候也会感到压力或焦虑。如果没有真正的危险或担忧，教孩子"重新调整"并继续前进。例如，当妈妈没有按计划准时到家时，孩子可能会感到焦虑，并会想象有可怕的事情发生。识别假警报，探索其他现实的解释，通过正念的方法重新调整。

- **学会说"不"。**超常儿童往往会过度承担责任，如果他们不能处理好所有的事情，他们就会感到压力和内疚。成功地管理压力意味着设定优先级，决定哪些活动最有意义、最有价值，然后对过度参与的活动说"不"。

- **写日记。**写日记可以让孩子写下自己的想法和感受，培养他们对生活的观察能力。通过定期记录重大事件、感受、方法、希望和抱负，超常儿童可以学会确定自己的目标，明确自己的决定，并在自己独特的生活中找到意义。

- **鼓励他们为自己的努力而感到自豪。**很多时候，聪明的孩子不费什么力气就能成功，于是他们开始相信事情会一直这样，他们没有把努力和结果联系起来。当事情变得困难时，鼓励他们坚持下去，这会培养成功所必需的工作习惯和信心。掌握任何技能都需要练习，而在这个过程中出现错误很重要，也很有帮助，因为它们可以帮助孩子们在下次学会更好的方法。许多名人在成功之前都经历过失败，科学、医学和其他领域的一些最重要的发现都来自意想不到的错误。想办法用没有威胁的方式强调坚持的重要性。

- **化问题为机会。**就像错误可以带来新的发现一样，问题可以提供新的机会。帮助你的孩子走出失望、沮丧的消极自我对话，认识新的机会。不参加运动队意味着有更多的时间参加其他活动；误机意味着有额外的时间放松或结识新朋友。帮助孩子看到人总是有多种选择的，即使是在令人抓狂和失望的情况下。

第八章
理想主义、不快乐和抑郁

理想主义的超常儿童经常寻求改变，他们能够看到改变可以让事情变得多么不同。然而，挑战现状可能要付出代价——沮丧、挫折，甚至被孤立。理想主义和其他因素是如何影响超常儿童的情感健康的？超常儿童更容易不快乐吗？他们比其他孩子更容易抑郁、更容易自杀吗？是什么让超常儿童如此不快乐，如此绝望，不想再活下去？幸运的是，大多数超常儿童都很有韧性，能够处理失望、应对压力。超常儿童有一些独特的压力因素，这些压力因素会影响他们的心理健康，但他们的天赋中也有一些财富，可以培养他们的韧性。

一些成年人会因为任何儿童或青少年都可能抑郁而感到惊讶。尽管如此，父母仍然可以采取一些清晰的步骤降低孩子抑郁的可能性，至少减轻抑郁的程度。抑郁甚至可以转化为积极因素，成为一个人从事有意义工作的动力和燃料，让人更加谦卑，或者让人清楚地看到错误。例如，亚伯拉罕·林肯（Abraham Lincoln）和卢·霍尔茨（Lou Holtz）记录的故事中描述了他们如何利用抑郁作为成长的动力，培养目标和信念。这种能力取决于孩子学习韧性、管理完美主义、获得压力管理技能的能力。不快乐和抑郁是个难题，但要引导超常儿童理解这个难题，这是很重要的。

抑郁症在儿童和青少年中的普遍程度

2020年，在12—17岁的美国青少年中，有17%的人自述自己在过去一年内曾患有严重的抑郁症。该数据与2017年相比有所增加，2017年，13%的美国青少年自述患有抑郁症，而在2007年，此项数据为8%。疫情扰乱了许多学生的生活，引发了他们的心理健康问题，但在疫情发生之前，青少年抑郁的数据就在不断上升。2020年，按性别分析的数据显示，抑郁症对女孩的影响大于男孩，在12—17岁的青少年中，25%的女孩和9%的男孩得过抑郁症。年幼的孩子也会患抑郁症；但很难确定孩子发病的年龄，因为统计数据通常将早期儿童抑郁症的发病率与青少年抑郁症的发病率混在一起。当年龄范围扩大到3—17岁的儿童时，2016—2019年间，这个年龄段孩子的抑郁症确诊率为4.4%。[1]

这些年龄组的统计数据指的是普通人的占比；很难找到关于超常儿童和青少年的可靠数据，主要是因为疾病预防控制中心只跟踪心理健康、抑郁和自杀的信息，不跟踪个人认知能力方面的信息。此外，对超常的定义缺乏共识，使对心理健康和天赋的清晰理解变得更加复杂。[2]

导致超常儿童和青少年抑郁的风险因素

目前的研究表明，超常人群与非超常人群患抑郁症的总体比例没有显著差异。然而，有证据表明，超常儿童和青少年中有一些特别的因素会导致抑郁或自杀倾向。抑郁症主要有以下三种风险因素：生物因素（比如家族有抑郁症病史或性少数群体认同史）、心理因素（比如低自尊、情绪调节能力差、负面思维、焦虑）和环境因素（比如学习困难，失去亲人，被霸凌、虐待、歧视或遭受其他创伤）。[3]父母应该留意可能影响孩子心理健康的风险因素。

环境不匹配

心理学中的个人–环境匹配理论（The Person-Environment Fit Theory）研究了一个人所处的学习或工作环境如何影响他们的幸福感。学生如果与环境高度匹配，会获得学业上的成功和情感上的益处（比如自信、自我效能感、充满希望）。[4]

超常儿童经常处在缺乏激励的学习环境中。他们可能已经掌握了所学的大部分内容，因此难以保持对学习内容的关注。不能或不愿意为聪明的学生提供合适学习材料的老师会削弱超常儿童的学习动力。同时，这种不匹配会导致社交孤立。[5]双重特殊的学生也面临着环境不匹配的风险，因为同时满足学生的优势需求和劣势需求对教育工作者来说是双重挑战。在这些情况下，并不是天赋本身造成了问题，而是老师能力的不足和环境的不匹配，导致超常儿童的需求无法得到满足。

满足超常儿童的教育需求、社交需求和情感需求可以使他们免遭抑郁症的侵害。在同龄人中，为他们提供有趣的、富有挑战性的学习环境，可以让超常儿童成长，也是增加学习环境匹配度、减少孤独感和抑郁可能性最有效的方法。

社会导向型完美主义

具有社会导向型完美主义的孩子很有可能情绪恢复能力更差，抑郁的风险更大。[6]（我们在第七章深入讨论了不同类型的完美主义。）一个人如果认为自己永远无法达到父母、老师或社会的期望，这种信念会助长绝望和无助感，这与临床上的抑郁症密切相关。

许多超常儿童参加的高压力的课程和他们身处的竞争性环境可能是一把双刃剑。一方面，他们需要这些课程来挑战自己，发展能力与技能。另一方面，压力以及与其他能力强的学生之间的比较会促进社会导向型完美主义。培养适应力，鼓励学生在需要的时候寻求帮助（而不是认为必须自己解决问题，硬撑着渡过难关），培养与那些不仅仅关注学习成绩的成年人的良好关系，可以帮助平衡社会导向型完美主义的倾向。

社交孤立

虽然社交孤立和孤独对所有人来说，都是容易产生抑郁的风险因素，无论他们的智力水平如何，[7]但超常儿童可能会因为他们的不同步发育或小众的兴趣，而在发展社会关系方面遇到障碍（详见第九章）。令人满足的关系可以对心理健康起到保护的作用。能够建立并维持自己想要的友谊的类型和数量的人会更幸福。

小学生一般想和班上最聪明的同学交朋友，这有助于超常儿童在小时候发展他们想要的人际关系。随着孩子年龄的增长，与"聪明的孩子"交朋友渐渐没那么有吸引力了，这时超常儿童可能会发现自己很难和喜欢的人成为朋友。[8]超常儿童可能会伪装自己，掩盖自己的抑郁，只展示他们认为别人能够接受的、肤浅的部分，比如他们迷人的身体、体育天赋或讲笑话的能力。但是，表面的关系很少是有益的或长久的。一些超常儿童过度依赖——几乎是沉迷于——外界的认可，比如荣誉和奖励。当失去了这种认可——他们会在某个时间失去外界的认可——他们便开始自我怀疑。

对于那些受到年龄限制的学生来说，在学校的环境里找到志同道合的伙伴是很困难的。超常儿童对友谊是什么、应该是什么的理解和认识，可能与同龄人不同，这使得他们很难发展牢固友谊。而且，由于"超常儿童"被污名化，参加只为"聪明孩子"开设的项目会让人感觉不平等，进一步阻碍了超常儿童发展牢固的友谊。

过度投入和精力耗竭

超常儿童通常在许多领域内都有天赋。这有时被称为多重潜能。一些具有多种潜能的人可以在许多领域取得成功。想象一下，一个超常儿童在学校的管弦乐团中担任首席小提琴手，是辩论队、网球队成员，在校外参加区域象棋比赛，同时，还修了大量的大学预修课程，并取得了优异的成绩。你认为这个聪明的学生多久后会因为投入太多感到精疲力竭、痛苦不堪？

这种过度投入、精力耗竭的模式经常出现在超常儿童身上。做某件事（并把它做好）的乐趣很难拒绝。此外，他们身边的成年人可能会鼓励他们尝试新事物并享受其中。然而，如果一个人没有很强的压力管理的意识，不能在需要的时候拒绝机会（或者在机会太多的时候放弃机会），保护自己，那么他不可避免地会感到精力耗竭。

情绪耗竭、冷嘲热讽、个人成就感降低都是精力耗竭的标志。[9]精力耗竭的特征与抑郁症的症状密切相关；如果不加以处理，精力耗竭很容易变成临床上的抑郁症。帮助超常儿童考虑目标的优先级和完成目标所需要的时间，可以帮助他们保存精力，防止精力耗竭和抑郁。

理想主义与失望

当超常儿童认为他们没有达到自己期望的（自我强加的、不切实际的）成就、道德或价值标准时，他们常常会对自己感到失望。这会导致抑郁。正如一位超常儿童所说："当我做的事情不完美时，就好像到了世界末日。没有人是这样的。他们可以做任何事，而且很开心。"[10] 另一个超常儿童是这样描述的："我担心的事情太多了。我担心失去才华，担心自己变得平庸，担心我失去的童年和错过的机会，担心自己会精疲力竭或过于专业化。我担心未来我的事业会不会成功，我的同事是否能够接受我（以及他们现在是否接受我）。"[11]

超常儿童对自己、对同龄人、对世界都抱有很高的理想。他们的热情和强度驱使他们去实现这些理想。当他们无法达到标准，或者身边的人不以他们认为的方式看待事物，或者这个世界不断地让他们失望时，他们可能会在追求这些理想的过程中感到无助。这种理想主义，加上发育的不平衡、不同步，导致他们无法实现目标，变得抑郁、愤世嫉俗。

存在问题

虽然许多人在青春期前后开始体验存在意识，但超常儿童从小就具有深入思考和批判性思考的能力，这使他们在更早的年纪就质疑生活中与存在有关的方面，并思考这些话题。[12] 存在意识会引起不适和焦虑。一旦存在主义问题进入意识中，就必须不断地加以解决；你无法回到它们不存在的时光。如果没有支持，这些存在主义困境可能会导致更严重的抑郁症。

存在主义问题包括重大的人道主义问题，比如战争、贫困、饥饿、气候变化、欺诈和残忍。即使在很小的时候，超常儿童也会对这些问题充满热情，感到担忧。这些问题为什么存在？肯定有办法能够解决。人类存在的基本问题——自由、孤独、死亡和无意义——对超常儿童来说可能很难理解，从而引发他们的担忧。他们没有生活经验或情绪调节能力，因而不能把这些恐惧放在社会现实的背景下看待。许多家长发现，如果孩子加入努力改善社会状况的组织，参与到志愿工作中，他们会找到支持，觉得自己有能力让世界变得更美好，并且可以对抗这些恐惧的根源。理想主义的超常儿童可能会发现，参与这些活动使他们与其他理想主义者联系起来，通过帮助他人增加生活的意义。花时间去做一件事可以增加孩子的个人控制感，并能让他们对于具体的工作有积极的方向。志愿工作可以是在食品储藏室服务，或者在养老院为上了年纪的病人读书。服务的类型并不重要，重要的是孩子与其他关心社会问题并投入其中的人在一起。

与普通人相比，超常的成年人更容易受到存在主义担忧的影响，这种担忧会持续一生。[13]对于成年人来说，解决生命的目的、必然发生的死亡和自由意志的问题当然是困难的。无法与志同道合的同龄人讨论这些问题的超常儿童，可以与信任的成年人讨论；知道自己并不是在独自面对这些问题，是少数能够解决存在主义焦虑和抑郁的方法之一。

理想主义与挑战传统

理想主义会促使孩子挑战传统习俗，特别是当这些传统看上去不太合理，或者与他们自己的道德标准相冲突时。例如，一个孩子可能会得出这样的结论："我们的生活被物质控制得太多，我们应该过更简单的生活。"或者他可能认为："我们不应该吃肉，因为我们要杀死其他生物；另外，饲养场是不人道的，而且它们对环境有害。"

即使在很小的时候，理想主义的超常儿童也往往愿意放弃可以预见的舒适状态，去寻求更好的生活和存在方式。他们看到了变革的可能性。他们可能想要帮助无家可归的人，希望自己的家人成为素食主义者，或者购买低排放量的汽车。他们可能会成立一个项目，为某项特殊的事业筹集资金。

当对传统的强烈情感与超常儿童的强度相结合时，这些挑战可能会变得具有潜在的破坏性，威胁到他们与家庭或同龄人的关系，尤其是当一个家庭或团体几乎不能容忍其他传统时。在美国南部的民权运动时期，当理想主义的孩子试图改变种族隔离习俗时，许多父母都感到非常不舒服。

我们当然希望超常儿童能够创造性地解决问题，因为不仅在美国，在全世界的范围内，我们面临的许多问题都需要新的解决方案。但是，一些超常儿童不停地质疑，不断地打破传统，会给家人、老师和其他人带来不适，他们会认为这些行为令人尴尬、让人不适，甚至威胁到了自己的信仰或生活方式。坚持挑战规则，或者为质疑而质疑，或者为与别人不同而质疑，对于超常儿童和他们身边的人来说，这既是对真理的崇高追求，也是一种痛苦的生存方式。当自己的孩子挑战传统或表达令人不安的反对主流的观点时，父母可能会感觉很难应对。青春期的超常儿童更容易被周围的矛盾和虚伪所激怒。

超常儿童有很强的分析能力，他们认为应该挑战或反抗某种传统时，有可能是对的。当然，如果这恰巧不是我们珍惜的传统，这种挑战或反抗似乎更容易被接受。例如，在20世纪70年代，许多年轻的母亲回到工作岗位，尽管她们的父母认为她们应该待在家里陪伴孩子——这是当时的传统。再如，争取男女同工同酬、提高最低工资、同性婚姻合法化，这些都打破了传统的期望和习俗，其过程往往会让人感到不舒服。他为什么要颠覆现状？这会将我们带到何方？我们一直都是这么做的！但是当理想主义的超常儿童看到事情可能的发展时，他们想要把自己的理想付诸行动。这不正是我们希望他们做的吗？然而，有时，它发生得比我们想要的更快、更具戏剧性！

挑战社会传统是有好处的，尽管这些变化会让一些人，尤其是那些没有立即看到好处的人，在短时间内感到痛苦。奴隶制经历了一场内战才得以终结。妇女的选举权经过许多年的时间才合法化。在那之后，非裔美国人用了更长的时间才获得选举权和进入公立学校学习的权利。尽管我们在种族和性别平等方面取得了一些进展，但仍有进步的空间。必须有人看到事情会有所不同，并采取行动来实现这一目标，尽管这一过程会引起其他人的不适。

世界肯定变得更好了，因为有创造力、有爱心、勇敢的人们挑战了传统。罗莎·帕克斯（Rosa Parks）在美国南方的公共汽车上挑战了种族主义，为种族平等做出了贡献。马丁·路德·金（Martin Luther King Jr.）挑战了关于非裔美国人的传统信念和假设，并通过民权运动带来了积极的变化。在英国，约瑟夫·李斯特（Joseph Lister）挑战了疾病不会在医院里传播的思想，并开发了无菌程序。莱特兄弟（The Wright Brothers）挑战了人类不能乘坐比空气重的机器飞行的传统观念。阿梅莉亚·埃尔哈特（Amelia Earhart）挑战了女人不会驾驶飞机飞翔的想法。旧金山的男同性恋者挑战了同性恋是错误的这一观念，将性别平等问题带入社会意识。

我们社会的大多数进步都是因为有人挑战了某种信仰，并决心证明它是错误的。一名天赋异禀的女中学生发起了一场抵制活动，抗议学校在男生和女生参加的课后体育项目上投入的资金不一致、分配给男生和女生的机会不平等。她组织了一次罢课，说服其他学生聚集在一起，静坐抗议，直到校长出现，然后他们向校长表达了自己的担忧。她成功了：学生们向学校董事会提出了一项提议，要求为女子体育项目投入更多资金，学校董事会投票通过了这项提议。毫无疑问，许多人对挑战权威感到不安，即使他们的理由是正当的。我们必须帮助孩子了解这种挑战所要付出的代价，但不安不应该成为阻止人们追求自己信念的理由。如果没有人挑战传统，知识和社会的进步就不会发生。

正如上文所述，打破传统的行为可以带来积极的变化。然而，不幸的是，有天赋的个体有时会因此付出巨大的代价。遇到阻力时，他们可能会怀疑自己或失去信心。这可能是一条很长的路。他们努力保持真实的自我，坚持对改变的渴望，可能会因此失去朋友或其他亲密关系。当这些斗争持续存在时，理想主义可能会导致不快乐或愤世嫉俗。如果孩子找不到合适的发泄渠道和支持，就可能出现抑郁。

抑郁症的症状

许多人惊讶地发现原来小孩子也会抑郁。在我们的印象中，童年是一段快乐的时光，悲伤是短暂的，孩子们是快乐的、有韧性的。在青少年时期，孩子的抑郁症常常被成年人忽视，被认为是正常的发育过程——只是一个阶段。确认小孩和青春期的孩子是否真的患了抑郁症很困难，因为抑郁症的早期症状很难发现，而且经常被归结于其他原因，如同伴的"不良影响"、睡眠不足或不良的饮食习惯。

抑郁不仅仅是一般的不快乐、悲伤，甚至短暂的因为失去亲人而感到的悲痛。《精神障碍诊断与统计手册》（第五版修订版）将临床上的抑郁症定义为一种至少持续两周的情绪状态。在这两周内，可能出现如下症状[14]：

- 几乎每天都感到悲伤、空虚、绝望。父母可能会发现孩子流眼泪，这是一种可能出现的外在信号；另外，对于儿童和青少年来说，父母可能会注意到他们的情绪变化，比如孩子看起来比之前更易怒。
- 对大多数活动的兴趣和乐趣降低。
- 食欲发生变化（增大或减小），导致体重增加或减轻。
- 睡眠模式发生改变，嗜睡或无法入眠。
- 可被观察到的心理运动增加或减少。例如，坐立不安，或者其他动作明显增加，或者看起来比平时走得更慢。
- 几乎每天都感到疲惫不堪。
- 认为自己毫无价值，或者无来由地感到非常愧疚。
- 思考能力和专注力下降；难以做出简单的决定。
- 经常思考死亡、濒死或自杀。

有一些抑郁症症状在儿童和成人身上是相似的，但有一些并不相同。抑郁的成年人通常有强烈的自卑感，有悲伤、哭泣、绝望、自责、无助和沮丧的情绪及表现。他们可能会花更多的时间睡觉，或者因为悲伤而停在原地。相比之下，患有抑郁症的儿童和青少年更容易表现出易怒而不是悲伤的情绪。他们可能会用愤怒的方式表现自己的抑郁，比如发脾气或者在学校表现不佳。

无论表面上如何表现，大多数抑郁症患者的内心都感到受伤和愤怒，并且对此感到无能为力。虽然不满意目前的生活状态，但他们无力做出必要的改变，即使他们知道要怎么做。他们在自我对话中强调绝望，似乎无法集中足够的注意力去尝试有用的解决问题的方法。严重抑郁的人形容他们的情绪是模糊的、难以捉摸的、分散的、永久的。

抑郁症难以痊愈，最好是采取措施预防抑郁症的发生。如果你注意到一些迹象，和你的孩子谈谈，或者找一个心理健康专家来帮助孩子理清挑战性的情绪。发现这些迹象时，采取积极主动的方式是帮助孩子学会识别和克服这些情绪的最好方法。

自我伤害和自杀

与抑郁症有关的一件最难以启齿的事情是自我伤害或自杀的可能性。但最好公开地、不加评判地应对这些问题。公开谈论这些话题很重要，不要让它们成为禁忌；如果孩子们认为有自我伤害或自杀的想法是可耻的，那么在他们需要的时候，他们可能不会寻求帮助。

10岁至17岁的美国青少年中，大约有17%的人有过某种程度上的非自杀性自我伤害；与男性相比，女性这样做的可能性更大。[15]虽然我们没有关于超常儿童的具体数据，但我们通过临床经验知道，这种情况存在，并且可以推测，在超常儿童中，非自杀性自我伤害发生的比例至少与普通人群中的一样。当人们想到非自杀性自我伤害时，通常会将其与割伤联系在一起。还有一些行为也可能与自我伤害有关，比如抓挠、烧伤、阻止伤口愈合或殴打。非自杀性自我伤害通常与想要死亡无关。儿童和青少年自我伤害的原因包括想要惩罚自己，想要感受到"某些东西"（而不是情感麻木），想要转移情绪上的痛苦，或者想要表现出他们感受到的内在痛苦。发生非自杀性自我伤害时，成年人应该谨慎对待，不要只是把自我伤害的迹象视为"寻求关注"。心理健康专家可以帮助确定自我伤害背后的原因，以及提供阻止这种行为的方法。

谈起抑郁症，自杀的想法总是一个令人担忧的问题。自杀是15岁至24岁人群的第二大死因；这个年龄段的人中，约有11%的人表示他们曾认真考虑过自杀，1%—2%的人尝试过自杀。[16]虽然自杀的想法并不总是导致自杀行为，但这些想法始终应该被认真对待，特别是当处在青春期的孩子在试图弄明白"我是谁"，或者正在经历成就的需要与同伴关系的需要冲突的超常儿童有这些想法时。

教育家詹姆斯·迪莱尔说："今天的超常儿童陷入的世界……似乎总是冷漠无

情、毫不妥协。但在重要的成年人和同龄人的支持下，这些烦恼的青少年可能会看到其他的选择，它们不像自杀那么严重，那么不可挽回。"[17]与你的孩子建立一种诚实、开放、尊重和关爱的关系，将大大有助于避免严重的、长期的抑郁症。你对这些重要问题的立场，以及出现问题时富有同情心地寻求解决办法的努力，将增进你们的关系。

切实可行的解决方案

幸运的是，家庭可以做很多事情来增强孩子的韧性，减少孩子患严重抑郁症的可能性。以下是给家长和老师的八条指导原则[18]：

• **注意孩子抑郁的持续时间。**大多数情况下，抑郁只持续几个小时，最多几天。如果抑郁持续好几天并且似乎反复发作，父母应该寻求专业建议。不要将抑郁视为"一个阶段"。

• **倾听孩子。**不倾听孩子的父母和老师传递给孩子的信息是孩子不值得倾听。一个抑郁的孩子不需要再一次打击来否定其自我价值。她已经对自己很苛刻了。让抑郁的孩子向你敞开心扉可能很难。你可能需要表达额外的支持，表达你想帮助她，让她尽可能开心地生活的想法。

• **接受孩子的担忧。**试着从孩子的角度看抑郁症是如何出现的。起因有时是失去了有形的东西（心爱的宠物或因为搬家离开熟悉的学校），导致悲伤和沮丧。有时是失去了无形的东西，比如失去友谊，失去对他人的信任，失去自尊，或者失去某种保护性的天真。失去总是凸显生命的无常，给我们带来危机和压力。很多人因为疫情失去了很多。虽然其中一些损失对非经历者来说可能微不足道，但对经历的人来说，失去的感觉非常真实。

注意不要忽视或淡化孩子强烈的情绪。不要说"你没有什么可担心（或沮丧）的"，或者"你不应该有那种感觉"，这样做意味着你既不尊重他的感受，也不尊重他这个人。这样的话会让他对自己那些强烈的负面情绪产生更多的内疚和困惑。记住，这些感受是真实的，对他来说非常痛苦。

如果你对孩子说他很好，他可能会用自己不好的理由来反驳你。如果你说他有很多朋友，获得了很多成就，拥有积极的品质，他可能会认为你的话无关紧要。和抑郁的超常儿童讲道理通常没有什么效果。相反，要看到并接纳孩子的感受。支持你的孩子，同时保持开放，接受他可能以其他方式看待自己、看待当前的情况。你可以承认并接纳他的感受，然后指出你和他的看法是不同的。记住要倾听并尊重他的感受。不要否认或淡化问题，要给予温和但不肤浅的安慰。

• **给予情感支持。** 孩子需要感受到有人真正在意他的担忧。你仔细倾听、陪伴孩子，体现了你的支持，向孩子传递了这样的信息：他对你很重要，不管他现在自我感觉如何。

父母的情感支持包括温和但坚定地让孩子参加一些户外活动，最好是徒步旅行或骑自行车等体力活动。患有抑郁症的人经常久坐不动，待在室内，这只会加重抑郁。这些活动之所以有帮助，是因为当孩子和别人在一起时，他不仅更有可能获得情感上的支持，而且还能把兴趣从自己转移到别人身上。运动还能使人体释放内啡肽，激发出更积极的态度。

• **评估抑郁程度和风险程度。** 严重的儿童抑郁症症状包括睡眠或饮食习惯的突然改变，无法集中注意力，谈论死亡或关注死亡，放弃宝贵的东西，以及远离家人和朋友。这些都应该被看作抑郁症的征兆。吸毒和酗酒是另外两个导致抑郁和自杀的风险因素。缺少对未来的目标和对成就的关注也意味着严重的风险，讨论未来的目标则会降低风险。

• **问与自杀有关的问题。** 对家长或老师来说，这可能是困难的一步，但很有必要。问孩子："你想过自杀吗？"问这个问题并不会让孩子有自杀的想法。如果你是因为非常担心才问这个问题的，很可能孩子的脑海中曾闪现过这种想法。大多数情况下，孩子会认为你关心他，所以提出这个问题。如果他否认有过自杀的想法，但表现得好像不是很诚实，你可以问："如果你有自杀的想法，你能告诉我吗？"重要的是，要了解孩子是否在考虑采取自杀的行动，你可以直接问："你想好怎么做了吗？"那些有具体的计划和行动方法的人比那些只有模糊的概念，还没有选择时间、地点和方法的人自杀的风险要大得多。

• **向他人咨询。** 如果你担心孩子的抑郁症非常严重，担心他会自杀，可以寻求专业人士的帮助。在美国，拨打988或者给这个号码发短信可以联系上自杀和危机生命线（Suicide and Crisis Lifeline）。你也可以通过联系咨询师、家庭医生、心理学家或精神科医生来寻求帮助，你甚至可以带孩子去医院的急诊室。让孩子答应在和专业人士会面之前不伤害自己。专业人士可以帮助孩子制定具体的安全计划。

- **行动起来。** 抑郁症不应该被忽视——任何自杀的威胁都是一种求救的呐喊。一些父母可能会怀疑孩子谈论自杀是想要操纵或惩罚他们。也许是这样，但它仍然需要被认真对待。向专业人士咨询，获得专业的意见。即使它看起来像是操纵或者"只是一种自杀的姿态"，而不是潜在的致命行为，你也需要通过采取行动来表达你有多在乎他们。

第九章
熟人、朋友和同龄人

　　每一个孩子，无论是否有天赋，都希望能与他人建立联系。我们与朋友和家人的互动将我们与其他人联系在一起。我们学习别人如何思考、如何做事，我们比较不同的看法，并形成自己是否受到重视的感觉。一些年纪小的超常儿童的父母可能会说，"我的孩子宁愿看书也不愿意和其他孩子一起玩"，或者"她在年级里似乎没有很多朋友"。他们有时会感到惊讶或沮丧，因为他们的孩子宁愿与成年人交谈，也不愿意和同龄的孩子一起玩。

　　家长和老师可能会想："她必须学会与其他孩子相处。如果她想成功，就需要受到别人的喜爱。"然而另一方面，随着孩子年纪增大，同辈压力并不总是一件好事。到了中学，这种担忧从"我希望她能表现得更像她的同龄人"变成了"我希望她不那么像她的同龄人！"。青春期孩子的父母抱怨他们的孩子太想要跟随和融入，而不为自己考虑。"她以前是一个好学生，但现在她只关心自己是不是表现的和别人一样！"

　　由于发育不同步，与同龄人的关系几乎是每个超常儿童的课题。他们的兴趣和行为通常与众不同，并与同龄人不太一样，这导致他们在学校或小区里的同伴很少。智商非常高、强度和敏感度都很强的超常儿童更难在同龄的孩子中找到朋友。他们可能更喜欢和比自己大两三岁的孩子一起玩，甚至更喜欢与大人互动。

　　一些超常儿童很受同龄人的欢迎。许多外向的人天生善于社交，在友谊方面没有什么问题，因为天性使然。这类超常儿童一般很少有与他人交往的问题，但是——除非他们是领导者——他们可能有过度关注同伴影响的风险。当他们努力融入同龄人群体时，他们可能会否认或淡化自己的天赋，或者放弃自己小众的兴趣。理想情况下，孩子会找到不会强迫其在归属感和成就需要之间做出选择的同伴。理想的同伴会对超常儿童的这两个方面都很欣赏。

非常聪明但更内向的超常儿童可能会觉得自己和别人不一样，感到很孤独，因为他们几乎没有同伴。这些孩子需要找到能够平衡交流需求和独处时间需求的同伴。在这两种情况下，父母能做的最好的事情就是促进超常儿童健康的社交和情感发育，增加他们与真正的同龄人接触的机会。

谁是超常儿童真正的同伴？

同伴是指另一个同龄的孩子吗？还有其他的一年级学生知道所有不同的鸟类、爬行动物、宝可梦（Pokémon）或行星的名字吗？同伴通常是指那些有共同兴趣、有相似知识或能力水平的人。虽然超常儿童可能需要不同的同伴来满足他们在运动、智力和情感方面的各种需求，但他们最基本的需求可能只是一个能帮助他们笑对生活的朋友。由于发育不同步导致能力和发育水平与同龄人有很大的差异，超常儿童可能比其他任何群体都更需要不同的同伴。考虑到这一点，一个年纪较小的超常儿童也许在摄影方面需要年纪大一点的同伴，但在足球方面，他需要和他年纪差不多的同伴。他可能找不到对地理感兴趣的同龄人，如果他住在博物馆或历史遗迹附近，他则可以和馆长交流。他可能和一群年纪相仿的朋友一起在附近玩，但他可能更喜欢和年纪大一点的孩子或大人一起玩复杂的电脑游戏或下棋。因此，超常儿童真正的同伴并不一定和他一样大。大人会有各种各样的、不同年龄的朋友。一起去听音乐会的朋友和一起去徒步旅行的朋友不总是同样的人，这些人和工作中的朋友也不一样。超常儿童和大人一样，需要有不同的同伴。

其他的超常儿童是一个超常儿童最好的同伴人选吗？有时候是的，特别是如果两个超常儿童的年龄和智力水平都差不多，而且有着相似的兴趣。如果一个超常儿童很幸运，拥有一个最好的朋友，这个朋友往往也是超常儿童。当超常儿童找到一个和自己水平相当，并且有共同兴趣的朋友时，他们会非常兴奋，尽管这种能量水平通常会让周围的大人筋疲力尽。他们的热情是显而易见的，并且两三个超常儿童聚在一起，他们的强度会放大；他们似乎吃、喝、睡、呼吸、生活在彼此的热情中。从超常儿童的角度来看，找到一个和自己一样，能快速地从一个话题跳到另一个话题，并且可以分享新的信息、兴趣或技能的同伴是非常令人兴奋的。帮助超常儿童理解谁可能成为同伴，将使他们之间看似小众的关系正常化。

家庭中的同伴关系。 家庭在孩子的同伴关系中起着很大的作用。当超常儿童发现自己和学校里的同龄人不同时，家庭能够接纳他们所有的天赋特征，鼓励他们发展、利用自己的能力，这一点尤其重要。只是简单地肯定，在不同的活动中有不同的朋友是可以接受的，父母和祖父母就可以为孤单的超常儿童提供一根救命稻草。家长可以谈论自己的同伴压力、在工作中的压力、在邻居中的压力，以及自己是如何处理这些压力的，通过这种方式可以培养孩子的洞察力和适应能力。直系亲属以外的对孩子来说重要的人，包括伯姑舅姨和堂兄弟姐妹，可能喜欢和孩子一起下棋，或者打牌、疯玩，或者只是一起开怀大笑。就连邻居也可以成为同伴。例如，一个13岁的孩子认为他60多岁的邻居在国际象棋方面是他的同伴。当这个孩子对这位退休老人以前的职业表现出兴趣时，老人成了孩子的导师。

年长的同伴和其他特殊的关系。 鼓励你的孩子建立一个多样化的人际关系网络，这将帮助他欣赏朋友和熟人的价值。当超常儿童的词汇和其他能力如此超前，以致他们很快把同龄人甩在后面，并且出现社交问题时，他们会被那些词汇量和兴趣与自己更接近的大孩子或成年人所吸引。超常儿童在博物馆、兽医诊所或图书馆这样的地方有比他们大得多的朋友是很正常的。举个例子，一个自己组装了一台电脑的超常儿童，认识当地电脑商店里的所有员工，并把其中一些人视为自己的同伴。虽然混龄关系有一定的优点，但也有一些问题。家长和教育工作者需要监督孩子与大孩子的互动，保证同龄的玩伴和智力相当的朋友之间的平衡，这对超常儿童最有利。虽然在线社区提供了基于兴趣而不是年龄的联系机会，但家长应该意识到，这种途径很难监督，可能会让孩子接触到不合适的主题。

在学业上加速（例如，提前学习课程或跳级）的超常儿童更有可能在智力上与大孩子相适应，但他们可能会出现社交困难，包括更难有同龄的朋友。有些人可能会认为孩子在努力表现得成熟，或者指责父母"鸡娃"。而且，在课堂之外，大孩子可能会让孩子接触到太过成熟的话题。

无论年龄大小，许多超常儿童一般都能找到至少一两个人，与他们发展出一种特殊的、亲密的，往往是持久的友谊。超常儿童一般与有共同兴趣的人建立这种关系，而且这种友谊非常亲密，似乎占用了孩子所有醒着的时间。这些是真正牢固的纽带，并且这种关系会随着时间的推移而发展。一些特殊的友谊是孩子与那些能够接纳自己的人发展起来的，这种友谊，无论对方是同伴还是导师，都会成为孩子的避风港。有时候，超常儿童对友谊的需求会被这种特殊而强烈的关系所满足。超常儿童可能在为超常儿童举办的特殊活动中找到一个这样的朋友，这种友谊会通过社交媒体或在线游戏继续下去，直到他们在现实生活中再次见面。

特殊的友谊很重要，大多数人都能回忆起两三个与他们有过亲密友谊的朋友。这些朋友提供了认可，以及一个安全的地方来探索想法和感觉。父母可能会担心自己的孩子太敏感，如果和另一个孩子走得太近，这种亲密的友谊可能会产生问题，尤其是当友谊结束的时候。因为关系太亲密，友谊结束可能使孩子感到悲伤、想哭、受伤和愤怒。虽然痛苦是强烈的，但友谊的结束也提供了一个对话的机会，可以帮助孩子了解人际关系的复杂性，以及如何苦中作乐。

大学及之后的同伴关系。 对于许多超常儿童来说，大学是他们最终找到同类的地方。然而，对于那些非常注重成就的学生来说，同伴关系在大学里仍然是一个问题。有些人不参加有组织的休闲活动，这限制了他们的社交关系；而另一些人则过度参与这些活动，以牺牲学业为代价。在这两种情况之间找到一个平衡点很重要。尽管许多有天赋的学生在大学期间找到了朋友，但紧张、敏感、理想主义、急躁的问题仍然困扰着他们中的一些人。他们会思考在关系中双方的投入是否平等，或者认为自己是一个局外人。甚至在毕业后，一些人也很难找到能与之愉快地讨论或分享他们热切的理想主义的人。这些年轻人会对工作中、社会上和人际关系中的限制感到非常不耐烦。他们想要立刻做到一切，解决所有的问题。他们会对周围的人使用的平均质量标准感到不满，或者对那些不像他们那样追寻个人意义的人感到不满。因此，无论是在工作场合还是在家里，他们与他人的人际关系都会受到影响。

你的孩子需要多少朋友？ 许多大人说他们只有几个亲密的朋友，其中一些是经常见面的，另一些是偶尔见面的。其他关系最好描述为同事或点头之交，而不是朋友。这个事实提供了一个视角，让你知道超常儿童真正需要多少朋友。让超常儿童明白人际关系是亲密、理解和友谊的连续统一体，也是很有价值的。伙伴和泛泛之交是不一样的。

家长也应该意识到，成年人认为的可以接受的同伴关系可能与超常儿童认为的满意的关系大不相同。一些超常儿童，尤其是那些天赋异禀或内向的孩子，和很少的几个朋友在一起时很舒服，也不觉得有强烈的合群需要。还有一些超常儿童想要有很多朋友，想要成为受欢迎的人，甚至可以以牺牲自己的一些能力和兴趣为代价。他们可能努力同时融入几个群体，他们在不同群体中的行为可能会有很大不同，由他们是与智力上的同伴在一起，还是与社交同伴在一起而定。父母可能会对孩子朋友的年龄跨度感到惊讶。

一些超常儿童的朋友很少，或没有朋友。这有很多可能的原因。有些人就是不喜欢花时间和别人在一起，他们更喜欢独处。还有一些人几乎没有朋友，是因为他们没有学习交朋友的基本技能，他们的笨拙使孩子们感到厌烦。有些人可能是因为之前没有加入有监督的群体，比如女童子军或儿童棒球组织。还有一些人花太多的时间在电脑和电子游戏上，把与人互动的机会限制在了学校的休息时间里。还有一些孩子只是太过努力，他们讲的笑话和故事在其他孩子看来既不有趣也不好笑。

在考虑孩子需要什么类型的友谊，需要多少朋友才是"合适的"时，要明白你的需求和愿望会影响你对孩子想要和需要什么的看法。如果你喜欢拥有广泛的社交圈，但你的孩子告诉你，他们喜欢独处或者和网上的朋友在一起，你要知道，你对此的不适可能源于你的个性和你对人际关系的需求，而不是孩子的。另一方面，一些家长可能怀疑自己的孩子希望能有更多朋友，但由于骄傲或社交焦虑，他们隐藏了自己的孤独。如果你是这种情况，有必要的话，去寻求帮助，确保你没有把自己的需求投射到孩子的身上。

同伴问题什么时候出现?

处理复杂的同伴关系,会给超常儿童带来一些问题,无论其年龄大小。一些超常儿童的同伴问题出现得很早。学龄前的时候,一些超常儿童就可能与同学的关系不好。上了小学之后,他们可能会使用高级词汇或双关语激怒别人。一个具有强烈个性的超常儿童可能会成为领导者,或者他可能会发现自己很难容忍其他孩子。

学龄前的同伴问题。 聪明的学龄前儿童和他们的父母可能会有同伴问题。一个会看麦片盒子上的配料表,知道如何做加减法的4岁孩子,可能会奇怪为什么其他4岁的孩子不会看配料表。超常儿童往往对其他孩子没有耐心,因为他们认为自己很正常。因此,同龄人不一定是超常儿童的好朋友,也就不足为奇了。即使在很小的时候,超常儿童也可能喜欢独处,或者与大一点的孩子待在一起。一些学龄前的超常儿童可能很霸道,他们发明了一些有详细规则的复杂游戏,结果却发现其他孩子认为这个游戏太复杂了,或者觉得他太霸道了,想要逼迫自己执行规则。

超常儿童上幼儿园后,他们的家长可能会开始感到孤独。他们可能会发现,自己不能与其他父母谈论自己的孩子正在做的事情。其他父母可能会认为他们在吹牛或者夸大其词。善良但被误导的人可能会指责父母强迫孩子过快地成长。"你应该让他做个孩子!"有时,关于超常儿童的负面误解会渗透进这些互动,很快双方都会变得不舒服,因为其他人无法理解天赋的重要含义。

学校中的同伴问题。 当孩子进入传统的幼儿园或上一年级时,高水平的学习者会经历更大的同伴压力。大多数学校对孩子入学前应该具备的能力都有明确的期望。超常儿童会突然与能力、兴趣和行为都不同的孩子聚在一起。当课程以一种精心设计的方式,按照固定的节奏进行时,超常儿童可能会感到沮丧。

尽管孩子们的学习和记忆效率各不相同,但我们通常期望智力水平较高的孩子能在学校里找到同龄的朋友和伙伴。如果一个环境强调从众和"适应",而不是个性,并且对孩子的表现有明显的期望,这种期望又远远低于孩子的真正能力,就会发生两件事：要么孩子学会"适应"，以一种社会可接受的方式满足较低的期望，要么孩子脱颖而出。这两种情况都有可能出现同伴问题。在第一种情况中，孩子对自己不诚实，为了被别人接受而学会了伪装。在第二种情况中，孩子很早就突出了自己与其他孩子之间明显的差异，并且可能会开始"拒绝"可能的同伴。

来自家庭的同伴压力。关于他们应该如何社交、与谁交往，超常儿童有时会感受到来自父母的压力。大多数年幼的超常儿童的父母都强调成为同龄人群体中的一员有多重要，而青春期的超常儿童的父母则担心孩子受到同龄人的影响太大，并担心他们的表现过于符合年龄要求。父母既要监督孩子交朋友，又不能干涉太多，要取得一种微妙的平衡。对于有很多朋友的外向的父母来说，理解自己内向的孩子只和一个朋友相处就很舒服，是一件很有挑战性的事。

父母的同辈压力。父母也有自己的同辈压力。如果父母想要为他们的超常儿童改变环境，比如跳级或提前学习某一学科，可能会有其他父母或教育工作者向他们施压，让他们不要管，让孩子自己适应。关于培养超常儿童，父母经常收到强势的建议，但它们往往是错误的，超常儿童的父母必须小心地辨别，避免错误的信息。对父母来说，阅读那些在父母很有主见、顶住了同辈压力的家庭中长大的杰出人士的传记，可能会让他们感到安心。

社交技能有多重要？

大多数家长和老师都希望孩子善于交际。许多人都希望自己的孩子能够"全面发展"，也就是说，他们希望孩子受人喜爱，与他人和睦共处，积极参加体育运动或其他活动，并融入社会。我们的社会非常重视社交技巧、情商以及发现和影响他人行为和情绪的能力。在大多数情况下，我们希望一个人能够与他人保持良好的关系，不论他们对这个人有怎样的感受。父母花费大量的精力教孩子们如何举止得体，以被上流社会所接受。他们知道不受人欢迎所带来的伤害，所以更希望他们的孩子能够循规蹈矩。他们希望孩子能够被接纳，担心孩子因为不能融入社会而受到不良的影响。

然而，在什么情况下，孩子应该突破传统、展示个性呢？传统比成就、创造力、发现、培养自主意识和独立的自我价值更重要吗？一个超常儿童需要付出多少，才能参与到正常的社会生活中？不是所有伟大的成功者都是社交高手。埃莉诺·罗斯福（Eleanor Roosevelt）在上寄宿学校之前没有同伴，她在寄宿学校发现了和她一样的女孩。玛雅·安吉罗（Maya Angelou）在成为风度优雅、受人尊敬的诗人和演说家之前，经历了个人创伤，多年来一直封闭自己。坦普尔·格兰丁（Temple Grandin）被确诊为阿斯伯格综合征（现在已被归入自闭症），她一生都不喜欢与人相处，但她获得了博士学位，写了几本书，成为一名热情的倡导者，呼吁人们更人道地对待动物。许多成功的超常成年人提到，他们加入同龄人的群体时，年纪已经不小了，有的是在大学甚至读研究生的时候。

也许最好的解决办法是，所有的孩子至少都需要学习"商业友好"的技能——也就是说，能够让他们以友好的方式与其他人做生意的一些行为。这不需要他们成为彼此最好的朋友，也不需要接受另一个人的信仰、价值观和行为。起初，大多数人对新认识的人都是"商业友好"的。然后他们决定是否要更深入地了解对方。父母可以在公共场所，比如图书馆、地铁、杂货店和其他商业场所为孩子展示"商业友好"的行为。他们也可以和孩子们讨论尊重他人有多么重要，即使是在不同意另一个人的想法和观点的情况下。

发展友谊

超常儿童可能会在友谊的基本问题上挣扎。他们可能会怀疑自己是否真的属于某个群体，甚至是否想要成为某个群体的一员。随着孩子在不同阶段的发展，同伴关系可能成为一种具有挑战性的平衡行为。一些超常儿童是团队的领袖，在同龄人中很受欢迎。另一些孩子则很难融入，或者干脆认为在当下的生命阶段中，同伴关系对他们并不重要。他们都会找到某种方法来适应自己的处境，不管是找到一个或两个亲密的朋友，还是拥有更大的社交网络。

在发展友谊的时候，我们倾向于关注那些与我们有共同关心的人或事的人，那些重视我们的关系的人，那些可以为这段关系付出的人，我们可能会对他们产生好感。超常儿童有时会从理解这些人与人之间关系的基本概念中受益。你可以帮助孩子明白，人际关系必须慢慢发展，从熟人到同伴再到好朋友。对于年幼的孩子来说，玩伴通常是住在附近的一个孩子，或者是在托儿所或幼儿园认识的孩子。对于学龄儿童来说，朋友是他们可以交谈或给予他们帮助和鼓励的人。随着发育的成熟，孩子会越来越意识到共同利益、妥协和互惠的重要性。成熟的友谊基于互惠和共同的价值观，是持久的、亲密的。

孩子们必须想明白，在发展和维系成功的友谊时，他们想要多主动、多自信。如果父母能向孩子解释争强好胜、被动和自信之间的区别，会很有帮助。被动的孩子允许别人为他们做决定，闭口不谈自己的想法和感受，他们往往缺乏自信，害怕如果自己表现得武断或争强好胜，会发生不好的事情。争强好胜的孩子通常会替别人做决定，公开地表达自己的感受，而且往往不太圆滑。他们也经常缺乏自信，努力掩盖自己的脆弱，并试图通过要求、支配、贬低、恐吓甚至欺凌他人来弥补这一点。自信的孩子能够自己做决定，并且很善于把自己的想法和感受委婉地传达给别人。他们相信自己。他们以一种直接的、令人尊重的方式确定并实现目标，这能够帮助他们找到合适的同伴。

父母看到孩子因为缺少朋友而难过的时候也会很难过。在你的孩子为此痛苦时，考虑与他讨论典型的友谊场景，并进行角色扮演。因为超常儿童通常都有出色的想象力，你可以通过这种方法，帮助孩子思考什么样的行为可能会引起别人什么样的反应。例如，你可以说"你觉得如果你……会发生什么？""然后会发生什么呢？""你认为那个人会怎么做（怎么想、有什么感觉等）？""你怎么回答呢？""你还可以试试别的吗？"。和孩子一起表演这些场景可以帮助孩子明白别人的感受或想法。如果你使用角色扮演，可以考虑不时地转换角色。比如，这一次你扮演孩子，下一次你扮演与孩子交谈的人。如果你和孩子的关系很好，你甚至可以尝试用戏剧化的方式来表达你的观点，孩子在学习的过程中会哈哈大笑。像这样的角色扮演可以帮助孩子们想出解决方案，这比直接给出一个方案更有用。

你也可以模仿孩子的行为，表演孩子不听或者不注意其他孩子暗示时的样子。在表演中，父母还可以展示在邀请别人进行社交互动时，或在现实的交友行为中使用的各种类型的肢体语言。这可以帮助孩子看到当他们与不感兴趣的人交谈时的面部表情，以及他们感到高兴或敞开心扉时的表情。表8列出了父母帮助孩子加强社交联系、改善人际关系的其他方法。

表8 加强社交联系、改善人际关系的方法

- 为朋友留出时间，主动为可能的友谊打开大门。
- 学会做一个好主人。
- 赞美他人，欣赏他人的优秀品质。
- 学习处理嘲笑、霸凌和谣言的方法。
- 加入有趣的小组活动，即使是在不熟悉的领域，也可以为建立友谊创造机会。
- 在压力小的情况下练习交朋友的技巧，也许是在和同伴一起参加活动时。
- 做一个好的倾听者，关心他人，表现出对他人的兴趣。
- 真诚地表现自己的能力，但不要过分吹嘘。
- 学会在面对输赢时保持风度。
- 接受那些想法和行为与你不同的人。

如果这些家庭策略不足以帮助你的孩子，你也可以寻求老师、教练或其他可以提供支持的成年人的帮助，问他们："利亚姆需要一些交朋友的技巧，如果你看到他在为此努力，你能帮助他吗？"大多数成年人都乐于提供帮助，尤其是当他们知道孩子会接受帮助的时候。一些学校的辅导员会为在交朋友等方面需要帮助的孩子们举办小组会议。另外，有一些针对自闭症儿童的社交问题而编写的书籍，它们很有帮助。一些书中包含卡通场景，描绘了孩子们的哪些行为和说出的话会阻碍友谊的建立和发展，在背面，则描绘了利于社交互动的行为和对话。这些资源在帮助超常儿童发现新的互动方式方面很有价值。

内向和独处时间

内向的人不太可能接近新来的孩子；他们更倾向于等待别人主动与他们建立友谊。他们需要先观察情况再加入，他们也不像外向的人那样需要那么多朋友。有时候这些孩子只是还没有学会如何交朋友。有些孩子太专注于自己的想法和兴趣，不经意间忽略了别人。父母和老师都应该意识到，对孩子来说，他的内心世界可能比与同龄人的社交行为更重要，并且他们可以帮助孩子理解他的行为可能会引起别人的反感。告诉孩子，社交技能薄弱可能会自讨苦吃，通过这种方式来鼓励孩子改变。

内向的人往往不喜欢惊喜；他们喜欢提前知道接下来会发生什么。一位好心的母亲为女儿准备了一个惊喜的生日聚会。当客人到达时，"寿星"躲在沙发后面，拒绝与其他孩子互动。对孩子基本的内外向性格等信息敏感的父母，能够更好地计划活动，适当地干预孩子的行为。

父母有时会担心孩子喜欢自己和自己玩。有的家长表示："孩子宁可待在家里创作，也不愿意和其他孩子一起玩。在学校里，他宁愿看书也不愿意和同学们一起出去玩。"超常儿童在独处的时候可以从书中找到同伴。我们大多数人都还记得小时候（直到今天仍然如此）沉浸在一本好书中，与书中的人物和主题产生共鸣时，感受到的巨大的满足感。

独处的时间对很多超常儿童来说都很重要，尤其是内向的孩子。它甚至可能是发展一个人能力的必要部分。芭芭拉·克尔（Barbara Kerr）的研究发现，后来成为杰出女性的超常儿童有一个共同的特点——她们似乎都需要大量的时间独处，以进行阅读、思考或其他活动。一些超常儿童虽然能够进行互动游戏，并玩得很好，但他们经常花大量的时间独自玩耍、操作物品、创造，或者只是静静地阅读。

独处并不一定是有害的。例如，演员和音乐家，以及奥运会奖牌获得者，他们的童年通常都很不一般。他们花很多时间独处，发展他们的才能，并经常在家学习或者跟从专业的老师学习。在训练的高峰时间或者表演活动期间，他们的社交生活很有限。这些孩子中的许多人，成年后不管是否依然在天赋领域内工作，都表现得相当娴熟。开发智力才能可能也需要类似的奉献精神。

有多少独处的时间算多？很少有超常儿童愿意被社会孤立。一个参考标准是看孩子主动选择独处，还是因为缺乏社交技巧，或者是因为焦虑、抑郁等原因，无法建立人际关系。如果一个孩子经常和有共同兴趣和能力的玩伴愉快地玩耍，那就没什么好担心的——独处可能只是一种偏好，而不是问题。许多家长都有这样的经历：参加完社交活动后，感到后悔，希望自己是待在家里，而不是去参加活动。即便如此，如果你有合理的理由，担心孩子的社交活动有限，可以考虑寻求专业的咨询和建议。

同辈比较与天才标签

学校不仅是学习的场所，也是社交的场所。在这里，孩子们得到关于自己的反馈，练习社交和行为技能，学习怎样让自己在别人面前的形象更好。在学校里，孩子们会发现自己将与家庭以外的人比较，有的孩子是人生中第一次这样。身材和身体素质、社交技能、心理状态，甚至穿衣风格，都会成为老师和同学比较两个孩子的依据。很快，超常儿童在发展自我概念的过程中开始与他人比较。如果比较的结果对他们有利，他们就感到被接纳。如果他们处于弱势，他们就会寻求他人的认可，可能是通过隐藏才能的方式。

"天才"的标签带来了期望和比较。老师可能看出或听说一个孩子有天赋，便立刻认为她能够很轻松地完成学业。他们会认为这个孩子在校内的许多方面（如果不是全部的话）都有能力，而且超常儿童也认为自己很容易成功。有人担心，超常儿童会因为自己的天赋和能力而认为自己比别人好。同辈比较会导致那些没有被贴上"天才"标签的孩子认为他们在某种程度上不受重视。这些孩子可能会用辱骂或其他方式欺负、嘲笑超常儿童。

比较会导致自我评价，而敏感的超常儿童通常会认识到差异，并寻找适应的方法。在这些情况下，超常儿童会与其他表现非常不同的孩子进行比较。一位不愿透露姓名的孩子表示："我在学校里没有朋友，都是泛泛之交。所有聪明的孩子都不明白我为什么要学习。其他人都说我有多聪明，或者叫我天才（其实我不是），我不喜欢这样。如果有人和我聊聊，他们会发现，我不只是一个安静的、整天读书的一年级小孩！在校外，我有几个真正的朋友。他们理解我，不认为我是天才（因为他们也很聪明！），我们在一起很开心！"

老师的评语既可以加强这种比较，也可以减少它们。例如，一位老师认为他需要挫挫超常儿童的锐气，他可能会说"你可以每周去两次专门的超常班。但你还是要做我留的所有作业"，或者"这对你来说应该很容易；你有天赋"。这样的话语助长了不健康的攀比。在其他情况下，一些教师仅仅因为"天才"的标签就在无意中造成了不和谐、不健康的竞争。"等着瞧吧，你会发现这个考试有多难；

我打赌你们这些聪明的孩子也及格不了。"这种负面信息和缺乏尊重的语气不仅会让超常儿童感到沮丧，还会造成额外的同伴困难。我们应给予包括超常儿童在内的所有孩子健康的尊重，将"天才"标签带来的压力降至最低。

同辈压力

青少年特别关心同伴关系，他们的许多行为都涉及这样一个基本问题："我是谁？我属于哪里？"超常的青少年经常觉得自己与身边的同学不同，哪怕这只是一种很模糊的感觉，他们还会痛苦地意识到一些同龄人对能力强、成就高的人的刻板印象。他们挣扎于关于他们天赋的神话和贬损的评论中。他们也会写下自己因为只是有天赋而面临的社会挑战。关于超常儿童成长的故事，很容易就能在书中和网上找到，这些故事能够帮助其他超常学生了解自己和他人。

随着成长，超常青少年会开始自我探索。如果你的孩子暂时隐藏了他的能力，或者在遇到困难时，选择了你认为不是特别理想的朋友，不要感到惊讶。当父母意识到他们不能为孩子选择朋友，也无法限制孩子的友谊时，他们会感到压力。当孩子解决这些问题时，他们会对孩子的交友感到忧虑。家长希望他们已经在孩子心中播下了良好的关于判断力和自我价值的种子，这样孩子就会认为做自己比沉迷于可疑的同辈友谊更重要。如果父母与孩子有良好的沟通，他们可能会问某个具体的同伴关系有什么价值，有什么不足，孩子可能付出什么代价。父母在不同的阶段，可能也想要与同龄人谈论自己的问题。

对某些超常儿童来说，当他们的同辈压力增加，他们便努力适应，努力平衡自己想要融入的愿望和想要成功的愿望，这时就会出现成绩不佳的情况。虽然他们可能会为自己的聪明而感到高兴，但他们可能也会担心自己的天赋会使他们与朋友们疏远。我们的文化是一种从众的文化，学生离智力标准越远，就越可能被迫放弃他的"真实自我"，以融入到环境中。在无处不在的新闻和社交媒体的影响下，人们的态度和期望比几十年前更同质化。以某种方式做事或做某些特定事情的压力始终存在，无论是聪明的男孩还是聪明的女孩，渴望归属、渴望融入群体都是成绩不佳的最大原因，因为同龄人的价值观往往不强调成就。

许多年前，专栏作家安·兰德斯（Ann Landers）首次指出了聪明女孩的问题，她写道："如果你是一个女孩，想要融入社会的话，那么表现得太聪明，这种做法就不太聪明了。"要想受欢迎，女孩"应该"善良、敏感、友好、被动而不是咄咄逼人、百依百顺、漂亮，而且不要太聪明。请注意，这些性格特质中有多少与学业成功无关，甚至与杰出女性的特质背道而驰。超常的男孩也有类似的压力。有些人认为他们必须学会一切靠自己、参加需要勇气的活动、争取主导地位，同时注意不要表现出太多的温情、同情或对他人的依赖。

文化因素也可能是导致表现不佳的压力的一部分。例如，成绩优异的西班牙裔或非裔美国男性在同龄人眼中，可能"表现得太白人化"，背叛了他们族裔的文化。学业上的成功可能意味着被拒绝。如果一个超常儿童在学业上取得了很高的成就，她的成就可能被同龄人视为一种威胁，因为她指出了那些成绩不那么好的孩子相对薄弱的地方。同学们可能会批评聪明的孩子，这让后者在获得同龄人认可的过程中又增加了一个障碍。

青少年很难形成足够强烈的自我意识，拒绝加入那些从事消极、不道德或破坏性行为的同龄人群体；同伴的情谊和社会认可的吸引力太大，难以抗拒。对于一个长期与同伴交往有困难的孩子来说更是这样，他渴望融入某个群体。在这种情况下，学业只能退居次要地位。如果学校、文化和社会重视学业上的努力和成就，超常儿童就能更好地展示真实的自我，获得自我认可和同龄人的接纳。

霸凌

同伴压力和同辈比较会助长霸凌行为。虽然关于超常儿童的刻板印象，比如书呆子的形象（很可能戴着厚厚的眼镜，口袋里装着防止钢笔漏水的笔套）、经常被塞进储物柜、经常被偷午餐费等，已经存在了几十年，但如今的霸凌行为已经发生了变化。我们更深刻地意识到社会排斥所带来的微妙欺凌，以及在社交媒体上被网络霸凌的风险。那么，超常儿童和青少年是否更容易受到霸凌呢？

要讨论霸凌，我们必须知道，霸凌到底是什么。许多行为不符合霸凌的定义，被误称为霸凌。霸凌与单独的身体攻击事件或两个同龄人之间演变成辱骂的争论不同。霸凌行为必须符合以下三个条件：

1.它是一种单向的、不受欢迎的攻击性行为，旨在造成身体、心理、社交或教育上的伤害。

2.霸凌者与被霸凌者之间存在着真实的、可被感知的权力不平衡，有权力的人对弱小的人表现出侵略性。权力不平衡可以表现为施暴者比受害者具有更强的体力、更高的社会地位或智力（无论是真实的还是被感知的）。

3.攻击是重复的，多次发生或极有可能重复发生。[1]

霸凌与超常儿童

超常儿童更容易成为被霸凌的对象吗？超常儿童不能幸免于霸凌，但研究结果并不一致。一些研究表明，超常儿童被霸凌的几率与其他同龄学生相同，另一些研究则发现，超常儿童会招致更多的负面关注，比如嘲笑和辱骂。[2,3]还有一些研究发现，超常儿童并不比他们的同学更容易成为霸凌者或被霸凌者。[4]

关于霸凌和超常儿童，有一些重要的因素需要考虑。一是智力会影响孩子对霸凌的反应。例如，由于具有很强的元认知和预测能力，超常儿童能够假设原因，解释霸凌的动机，或者理解被霸凌的感觉。这种意识使他们对每个人都有很强的同理心，对霸凌的不公正产生强烈的情绪，或者担心自己成为下一个目标，即使他们只是一个旁观者。[5]

另一个可能影响超常儿童对霸凌的反应的因素是，当被霸凌时，他们是否愿意寻求支持。我们经常教导学生们，被霸凌时，要告诉自己信任的成年人，然而许多霸凌事件仍然没有人告发。在一项研究中，超过一半的超常儿童表示，他们从未或不经常与别人谈论霸凌的情况。[6]即便如此，当超常儿童成为霸凌行为的目标时，他们向大人报告这一事件的比例与同龄人相似，但他们更有可能向同龄人透露霸凌的发生。[7]超常儿童可能会担心如果他们把霸凌行为告诉大人，会受到报复，或者他们可能看到之前的报告被忽视了。相信把事情告诉大人后，霸凌事件会得到处理，无论霸凌目标是他们自己还是其他人，这一点非常重要。另外，一个可靠的、可以信任的同伴团体，是保护超常儿童免受霸凌的关键因素。

对于轻微的戏弄和奚落，告诉超常儿童予以忽略或者不要给出反应。"一笑置之"或转移注意力可以帮助减少消极行为。开个玩笑或以一种意想不到的方式回应可以打破这种模式，但也需要小心，不要使用消极的方式，否则会持续这种循环。想办法避开表现出消极行为的同伴，或者转移他的注意力也会有所帮助。但是，一定要告诉你的孩子，如果出现更严重的霸凌事件，要怎么告诉大人，他们才会重视这件事。

超常儿童也可能会成为霸凌者。如果他们想要伤害另一个孩子，思维敏捷、语言能力强的他们很容易就能说出尖刻的话。在这种情况下，利用聪明孩子的元认知、公平感和语言能力，帮助他们站在别人的角度，理解别人正在经历的情绪，可能会有所帮助。一些超常儿童可能没有意识到他们正在欺负另一个孩子；通过明确的指导，帮助他们理解什么是霸凌，并使其意识到他们在这种情况下的权力位置。

网络霸凌

随着社交媒体的兴起，网络霸凌已经成为学生们霸凌弱势同龄人的一种新方法。如果没有大人的监督，学生很容易通过短信或对一条帖子的评论，做出残忍的行为。另外，如果没有旁观者证实霸凌的发生，被霸凌者往往会感到无助，不知道该怎么做。

保护孩子免受网络霸凌最好的方法是参与他们对社交媒体的使用，教育他们该注意些什么，什么时候要与大人分享信息。关注、订阅孩子的社交媒体账户，可以让你了解他们的在线互动；让他们知道，父母是他们在线社区的一员，这也为他们的行为提供了一道保护。

帮助父母应对同辈压力

成年人也会经历同辈压力。社交媒体上频繁出现对家长的羞辱。即使是在不需要或是意想不到的情况下，也会出现对"好父母"和孩子"应该"如何表现的期望。超常儿童的父母往往会因为其他父母评判的眼光和评论而感受到同辈压力。

"你为什么要给孩子那么大的压力，让他学会阅读？"这种评论很伤人，因为超常儿童的父母并没有教他们的孩子阅读。孩子是通过问"这个词是什么？"这样的问题，自己学习的。然而，父母会感受到来自其他家长的同辈压力和评判。

超常儿童身上普遍存在的特点使他们在同龄人中脱颖而出。当超常儿童的父母和别人谈论自己的孩子时，他们经常会遭到质疑或批评。"我的孩子没有那么敏感。你做了什么，让你的孩子脸皮这么薄？""你为什么允许你的孩子表现得这么粗鲁，问大人那么多问题？""你的孩子为什么不和同龄的孩子一起玩？""他怎么这么霸道？""你把他所有衣服领子上的标签都剪掉，让他整天穿短裤，你不觉得这是在惯孩子吗？"当其他成年人对天赋的含义缺乏理解时，他们可能会因为孩子与生俱来的东西而责怪家长。超常儿童的父母可能被指责是在吹牛，或者过于为自己的孩子而骄傲。其他人可能会说，如果超常儿童的父母不过多地谈论孩子的能力，超常儿童会和其他孩子玩得更好。这样的评论会造成很深的伤害。

频繁遭遇这样的情况会让养育超常儿童成为一种孤独的经历。超常儿童的家长很难与别的家长分享孩子不同寻常的成就和他们独特的育儿经历。超常儿童的父母通常需要自己的父母给予其情感上的支持和鼓励。他们需要有人倾听，相信并接受这是他们真实的经历。有时，同辈压力是如此之大，以至于父母可能希望自己的孩子表现得"正常"或"在平均水平"，至少不要和其他孩子有太大的不同。承受住来自他人的同辈压力是很困难的，父母和超常儿童一样需要勇气，他们要勇于一直支持他们的孩子，不管孩子的兴趣和热情是什么，都一如既往地支持他们。

切实可行的解决方案

- **提供有组织的游戏**。家长和老师可以通过提供有组织和规则的游戏来帮助孩子加强同伴关系，特别是对年幼的孩子。"你们可以在午餐时间之前搭乐高积木，然后大家一起帮忙做三明治"，或者"这是你们搭建城堡的一些材料，但如果声音太大了，你们需要到外面去玩"。半结构化或结构化的游戏可以设定明确的规则，增加积极互动的可能性。明确隐性规则会有所帮助。

● **避免日程安排过度**。超常儿童的兴趣广泛，他们的父母也希望给他们提供丰富的生活，有时会把这些孩子的日程安排得太满，使他们几乎没有时间去发展友谊。你把孩子每周花在家庭作业、音乐课、足球、童子军、宗教学校以及坐车往返这些学校的时间加起来，会发现他们没有多少时间和朋友们一起玩。你的孩子可能会在这些活动中交到朋友，但如果没有时间去了解朋友，交朋友又有什么用呢？

● **将霸道变为领导力**。一些超常儿童不招同龄人喜欢，可能是因为孩子们认为他们太专横或者太霸道。超常儿童一般不会故意激怒同龄人。通常，他们的新想法或发明出的新游戏太让人兴奋，以至于他们会用一种专横的语气脱口而出，不考虑其他人的感受，也不管其他人是否能够理解。他们可能非常投入，没有注意到其他人对此兴趣欠缺，或有其他消极的反应。其他孩子可能对游戏或规则一无所知，他们会走开，说："我们不想玩那个。我们想玩昨天玩的游戏。"或者出现更糟的情况，他们走开了，边走边说："他太奇怪了！"

超常儿童可以学会分析情况，并理解领导和发号施令之间的区别。如果这个热情、专横的孩子是你的孩子，你可以温和地向他解释，其他孩子可能并不总是想这样，做他选择的活动，如果他想有朋友，就需要先听大家想玩什么，然后再做决定。你可以这样建议：其他孩子不喜欢被控制、被指使，有时让别人当领导也很有意思。结合孩子的兴趣做出解释会更好理解。谈谈团体运动，以及不同的运动员如何根据团队的需要承担不同的角色。由一个人领导一段时间，然后换另一个人领导。

努力让孩子知道，一个好的领导者应该让别人有想法和意见，不要总是自己做所有的决定，要明白团队合作和交替领导是有价值的。授权、协助和促进都是领导力的重要方面——关键是要明白什么时候做什么。一个好的领导者通常比其他人有更多的想法，但也不总是那么有远见，也不总会很有城府，乃至将其他人远远甩在后面。

谈谈"专横"与"合作"的区别。为了说明这两者的区别，你可以让孩子用他那种专横的语气命令你，再用更合作、更有说服力的方式请你做一些事情。你可以让他思考一下，他更喜欢哪种风格，为什么喜欢。帮助他比较不同的风格。

为领导力的发挥提供机会。在家里，你可以以健康而恰当的方式，让专横的孩子负责一些事情。在沟通那一章中描述的"超级星期六"，就是一种锻炼领导力的方式。帮助孩子在小区里找到需要其他领导力和主动性的项目。

- **考虑特殊学校或项目**。针对超常儿童的特殊学校或者特殊项目通常根据能力和年龄对学生进行分组，超常儿童更有可能在那里找到合适的同伴。但这并不是灵丹妙药；超常儿童并不总是能与其他超常儿童和谐相处，尽管当一个人和志同道合的人在一起时，出现同龄人问题的可能性会降低。

- **避免过多的比较**。如果父母或老师把超常儿童的成就作为同龄人的榜样，这对同龄人之间的关系没有任何帮助。一些父母会通过比较使孩子感到羞愧，进而使其改变自己的行为。这种方法可能不如询问孩子对自己的行为有什么感受有帮助。

- **正确看待同辈压力**。孩子们在上学的年龄，被迫进入同龄人的群体，这时的同辈压力对他们来说是最强烈的。进入大学、走入社会之后，这种压力会减弱。重要的是要帮助超常儿童明白，毕业后，几乎没有人关心谁是学校里最受欢迎的男生和女生。下面这则笑话是表达这种想法的一种方式，它改编自西尔维娅·里姆博士的作品：

家长："一个努力学习、做额外的工作、认真做作业、认真听讲的学生，人们叫他什么？"

孩子："书呆子、聪明人、马屁精。"

家长："那些全力以赴、加班、享受工作、努力学习新事物的成年人，人们叫他们什么？"

孩子："咦，我不知道。"

家长："人们叫他们'老板'。"

像这样的小插曲可以帮助你的孩子明白，优秀的学习成绩、不受同伴压力的影响可以为未来打开大门。

- **使用阅读疗法和电影疗法**。关于友谊、如何包容不完美、接受友好的恶作剧、分享恐惧和悲伤、保守秘密、原谅错误、接纳每个人的特质等等，超常儿童可以从阅读和电影中学到很多。从别人的角度看这些话题，可以增加孩子的洞察力，增进同伴之间的关系。探讨角色和他们的感受是安全的，因为角色与孩子是分开的，他们的感受与孩子自己的感受不同，这种方法可以以不具威胁性的方式促进孩子理解相关话题。对于超常的青少年和年轻人，一个有效的方法是使用名人传记。如果选择得当，这些书籍和故事可以传递家长想要传递的信息，而不引起对抗——增加了信息被理解的可能性。这些有用的技巧可以帮助孩子培养洞察力，逐渐改变行为。

第十章
家庭关系：兄弟姐妹和独生子女

有超常儿童的家庭，家庭关系可能会很紧张。家庭内部的互动影响着一个人成年后与他人交往和沟通的方式。父母的教养方式也会代代相传，影响着一个人如何为人父母。这些风格往往会有所不同，取决于这个人是独生子女还是有兄弟姐妹。在讨论这些关系时，超常儿童可能会出现一些特殊的问题，无论他们是否有兄弟姐妹。

独生子女

在某些方面，独生子女和多子女家庭中的第一个孩子类似，也许是因为在其他孩子出生之前，这些头胎孩子都是独生子女——有时这种情况会持续很多年。独生子女往往是独立的，他们经常模仿大人，主动让自己忙碌起来。因为没有来自兄弟姐妹的压力，他们不需要迁就其他孩子，所以可能不墨守成规。虽然他们可能是优秀的领导者，但也可能在自己感兴趣的事情中感到满足，参与个人活动而不是集体活动。

一个家庭中有两个大人时，抚养一个孩子往往会容易一些，而且孩子会得到大量的关注。对父母来说，带一个孩子去音乐会、图书馆或者参加大人的社交活动更容易，而在那里，孩子可以接触到复杂的对话和活动。独生子女也更容易获得教育机会，这也帮助解释了为什么许多获得了很高成就的人是家中的第一个孩子或独子。

兄弟姐妹间的竞争与合作

超常儿童的强度自然会影响他们与兄弟姐妹的关系。超常儿童经常拿自己和家里的其他孩子比较，甚至可能通过从父母那里得到的权力、注意力和时间来衡量自己的价值。兄弟姐妹之间的竞争和亲密会使他们产生明显的强烈情绪。有些父母对孩子间不稳定的关系感到非常沮丧；另一些父母则表示，孩子间的关系通常是愉快的。所有的家庭都经历过冲突和紧张的时期，兄弟姐妹之间的关系肯定是导致家庭关系紧张的因素之一。幸运的是，父母可以使用一些方法来减轻压力，减少家庭中的争吵、竞争和打架，增加家庭中的乐趣。阿黛尔·法伯（Adele Faber）和伊莱恩·玛兹丽施（Elaine Mazlish）在《如何说孩子才能和平相处》（*Siblings Without Rivalry*）一书中强调："我们与兄弟姐妹的关系会对我们的童年生活产生强烈的影响，使我们产生浓厚的感情，无论它们是积极的还是消极的……一直到我们成年后，在与兄弟姐妹的关系中，我们还会体验这种感觉，甚至会将其传递给下一代。"[1]童年时积极的兄弟姐妹关系可以让人获益终生。

更多地理解兄弟姐妹之间的行为和角色，可以帮助我们引导孩子少一些争论，多一些合作。我们可以为孩子们示范如何处理分歧，这样，最大的孩子就不会那么"专横"，最小的孩子也不会那么"无助"，那么"需要帮助"或"满腹牢骚"。我们还可以使用其他方法来培养积极的关系。如果我们了解一些基本的家庭角色，以及这些角色是如何随着每个新家庭成员的加入而变化的，会有所帮助。

出生顺序和家庭角色

关于出生顺序和不同孩子在家庭中扮演的"角色"，已经有很多著作。有人说，最大的孩子，也就是长子或长女，通常是"成就最高的"，常常被其他人视为"专横"。有些人说最小的孩子喜欢表演、社交，扮演家中"婴儿"的角色，以吸引大家的注意。排行中间的孩子（或孩子们）可能会感到"被压榨"或者被忽视，但最终可能会成为最能适应环境、最会与他人相处的人。虽然这些家庭角色并没有严格的定义，但对许多家庭来说，这是真实的情形。

第一个出生的孩子更有可能被认为是有学术天赋的。[2]父母花更多的时间陪伴他们。和他们交谈，带他们出去玩，而且通常对他们有很高的期望。当第二个孩子出生时，父母与孩子玩耍、互动的时间变少了，他们希望年纪较大的孩子能承担一些责任，包括照顾年纪较小的孩子。因此，毫不意外地，研究表明，大多数头胎的孩子都很严肃、可靠、认真，渴望得到大人的认可。他们往往比弟弟妹妹们更有条理，也更关心学习成绩。

临床医生的观察发现，第二个孩子被认定为超常儿童的可能性较小，尽管研究表明，由于遗传因素和家庭环境的相似性，即使年龄较小的孩子的天赋表现得不那么明显，兄弟姐妹之间的智力潜力也相差无几。研究表明，排行第二的孩子通常更关注同伴和兄弟姐妹的认可，不太关心如何取悦父母或老师。其中的原因尚不明确，但父母似乎对他们更宽容，对年幼的孩子要求更低。

排行中间的孩子通常被认为具有出色的人际交往能力，是优秀的领导者。他们是平息争吵的调解人。因为不是老大，排行中间的孩子不会得到与老大同等的认可，当新的兄弟姐妹出生时，他们则会进一步被取代。他们可能会感到被忽视，他们的天赋可能也没有人注意到。

无论出生顺序如何，孩子们都会在家庭中争夺地位和角色，这是正常的，也是意料之中的。当然，所有的孩子都希望自己在父母眼中是特别的、独一无二的。他们仔细观察父母，确定他们看重什么，观察他们对孩子们的行为有何反应。当一个孩子做出了某种行为，得到了回应，无论这个行为是否恰当，另一个孩子都可能模仿它，或者尝试另一种行为。孩子们经常将自己在不同领域擅长的事情与兄弟姐妹进行比较。他们能像我一样，让父母开怀大笑吗？他们能比我演奏得更好吗？他们对汽车或电脑的了解和我一样多吗？他们的运动能力也这么强吗？他们学习好吗？他们擅长指路吗？这些评估和比较是寻找家庭角色的开始，也是回答诸如"我擅长什么？""我能为这个家带来什么？"这类问题的开始。

通过这些比较和竞争，无论是公开的还是隐蔽的，孩子们塑造了自己的家庭角色和地位。如果一个孩子在学业上牢牢占据了第一的位置，其他的孩子通常会在其他领域努力获得第一名，比如社交。即使一个孩子在许多方面可能都有很大的潜力，但这些角色往往使他们变得僵化，有些在很早的时候就已经僵化了。大家这样认识孩子们："那个懂音乐的""那个聪明的""那个爱出洋相的""那个会社交的"，甚至是"那个爱闯祸的"。如果一个孩子成功地扮演了一个角色，其他家庭成员往往会在不知不觉中，特别关注这个孩子做出的符合这个角色的行为，以强化这个角色。

一方面，这些不同的角色可能是有益的，因为它们让孩子相信，他确实有特殊的地方。有时，特殊的角色会自然而然地从孩子天生的才能、个性、兴趣或气质中产生。每个孩子都会有一些能够轻易掌握的技能。另一方面，如果孩子们错误地认为他们在家庭中的角色是"非此即彼"的，认为在家里，在某个特定的领域内，只有一个孩子是特殊的，那么他们的角色就会受到限制。这种排他性思维可能会阻碍他们在这一领域的发展，因为他们担心自己的能力不如兄弟姐妹强，自己不是这个领域中那个特殊的孩子。某个孩子在某一领域有天赋，不应该成为其他孩子不发展相关技能的理由。如果一个孩子喜欢音乐或体操课程，即使她没有兄弟姐妹那么有天赋，父母也应该允许并鼓励孩子继续学习这些课程。

角色和地位也与学习成绩不佳有关。许多头胎孩子在家庭中被认为是"特殊的"，如果这种"特殊性"在某种程度上被收回，并且父母将这种独特的认可给予了另一个孩子，那么头胎孩子就可能成为后进生。这种情况之所以发生，可能是由于父母再婚，家里加入了继兄弟姐妹，或者是因为父母对孩子生气或失望而收回特权，并允许其他兄弟姐妹在家庭中获得新的地位或特权。

无论孩子扮演的角色是什么，家庭都可以培养孩子的地位感和重要性，同时帮助孩子探索新的技能和角色。在家中，要鼓励合作，劝阻激烈的、带有破坏性的竞争，同时强调所有的孩子和他们所有的才能都很重要。如果你有兄弟姐妹，你就会知道，童年时期形成的模式会持续很长时间。在家庭聚会时，你知道哪个兄弟姐妹会主导谈话，哪个会抱怨，哪个负责做出所有决定，哪个被忽视。家庭模式很少改变，因为经过在许多不同环境中的多年实践，家庭角色已经确立。虽然这些角色可能会让一些人感到不舒服，但这种可预测性让其他人感到安心。如果所有家庭成员都感到被重视、被接纳，那么不管他们扮演了什么角色，他们之间的关系都是愉快的、可预测的。当童年的问题和怨恨挥之不去时，他们的关系可能不那么令人愉快，但仍然是可以预测的。

理解兄弟姐妹之间的竞争

在经典作品《如何说孩子才能和平相处》中，法伯和玛兹丽施描述了一个有趣的意识练习，可以帮助父母理解孩子对兄弟姐妹的感情强度。试着想象一下，有一天你的伴侣回到家，对你说："亲爱的，我太爱你了，你是如此美妙，让人感到愉快，我决定再找一个像你一样的伴侣。"你的反应可能包括震惊、否认、受伤、愤怒等。接着想象几个新的场景，包括必须与新的伴侣分享衣服和其他财产，新的伴侣受到了很多关注和赞美，别人都说他是那么可爱、美好。许多成年人在做这个练习时都会有强烈的感受，而这种感受对你的孩子来说，更加强烈，因为他们是孩子，他们没有更多的理性和"成熟的"思考能力，来帮助他们理解家庭的变化。

兄弟姐妹之间的竞争可以以多种方式发生，但最常见的是通过愤怒的行为表现出来——自私或恶意的言语或行为、打小报告、恃强凌弱、弄乱或破坏彼此的东西、批评、指责、使对方难堪、打架。虽然在那一刻很难做到，但父母应该把注意力集中在这些行为背后的原因上，而不是聚焦于具体的行为本身。当孩子们认为兄弟姐妹正在取代他们在家庭中的位置时，他们会做出强烈的反应。如果你理解了其中的原因，就更能够平静地回应他们的需求，而不是行为。这并不是说你应该忽略这种行为，尽管有时，在最开始的时候，忽略行为是最好的行动方案；而是说，要努力确定行为背后的动机，以决定怎样干预最好。

孩子们经常会为了他们认为重要的东西而竞争——关注、认可或权力。虽然竞争不是偶然的行为，但即使是孩子自己，也可能没有意识到他们行为背后的目的。超常儿童像所有的孩子一样，需要被爱、被重视、被认可。他们将自己与兄弟姐妹进行比较，有时竞争会变得极端，因为他们会评估可能的威胁，并做出相应的反应。如果一个孩子在某项活动中表现出色，另一个可能会放弃这项活动。如果一个孩子犹豫不决并表现出脆弱，另一个可能会跳出来展示他的优秀。当孩子们"八卦"或"举报"他们的兄弟姐妹时，竞争会变得激烈而令人讨厌，他们会抱怨说，"她坐在我的椅子上""他在看我"，或者"他在呼吸我的空气"。他们会努力指出兄弟姐妹的错误和缺点，让自己看起来更好。

孩子们越不觉得自己和自己所做的事情受到重视和接纳，他们就越有可能成为竞争对手，越有可能相互比较，越有可能采取戏剧性的方式来获得父母的关注，并对兄弟姐妹施加压力。一个聪明的7岁小孩用他的高级词汇贬低、折磨他的弟弟，说："哇！你全身都是'衣服'（garment）！我不想和你玩！"这个孩子利用了他弟弟有限的词汇量，他知道弟弟不明白自己的话毫无意义，只是为了嘲弄他。

当一个超常儿童觉得自己没有得到足够的关注时，不管出于什么原因，她都能很好地吸引别人的注意。她可以采取积极的行动，比如在与大人交谈时表现得特别成熟。或者，她可能会以不那么积极的方式获得关注，比如问一连串问题，让大人们把注意力都集中在她身上。因为大多数超常儿童都非常善于表达，有敏锐的洞察力，甚至很精明，他们能够吸引大人的注意力，这样父母就可以花更多的时间和他们在一起，而不是和其他的兄弟姐妹在一起。

即使是适应力强、感到被接纳和重视的超常儿童，也可能非常需要大人的时间和关注。毕竟，他们有很多兴趣，对很多事情都感到好奇。父母很容易发现自己在某个孩子身上花了更多的时间和精力，尤其是如果这个孩子特别有天赋的话。当然，当一个孩子获得了父母更多的关注时，其他的兄弟姐妹会敏锐地注意到这一点。对父母来说，在每个孩子身上投入相同的时间是一个相当大的挑战。有时候，具有不寻常的天赋或障碍的孩子确实需要进入特殊的学校、参加私人课程，或接受某种高级的辅导。当父母发现自己需要花额外的时间在这些专业但必要的活动上时，对所有孩子的关注都保持平衡就变得更加困难了。当出现不平衡的情况时，孩子们一般都会告诉父母，有时是巧妙或友好的，有时是直接或粗暴的。如果其他孩子试图通过抱怨或做出不听话的行为来获得他们应得的关注，不要感到惊讶。

除了通过竞争寻求权力之外，超常儿童有时还会因为家庭环境而获得权力。例如，年龄较大的超常儿童在家庭中可能特别有影响力，一些家长——尤其是单亲的家长——会顺水推舟地让他们成为实质上的一家之主。他们似乎很能干，知识渊博，要求很高，所以父母很容易就交出控制权，让他们决定家庭谈话要聊些什么，去哪里度假，甚至进行某些活动要花多少钱。兄弟姐妹虽然会默许这种行为，但他们可能会心怀怨恨，并因此退出。

兄弟姐妹之间的争吵和竞争可能有很多其他原因，比如寻求关注、嫉妒或对感受到的不公平感到沮丧、对自己或他人感到气馁，或者潜在的抑郁。当一个孩子感到自己被冷落、孤独、不被欣赏或受到不公平对待时，如果你知道行为背后的动机和感受，你就能更有效地做出回应。回应事情背后的动机可以帮助父母肯定孩子在家中的地位和价值。

虽然不那么明显，但兄弟姐妹之间竞争的另一种表现，出现在那些更被动和更依赖别人的孩子身上。如果他们认为某一个兄弟姐妹是最受欢迎的，他们可能会模仿他的行为。尤其是对于刚刚学习许多新技能的婴儿或蹒跚学步的孩子来说，他们的哥哥姐姐常常模仿他们。虽然哥哥姐姐也在学习许多技能，但并不像婴儿学会爬行或自己爬起来一样，也不像蹒跚学步的孩子学习说话、跑步、爬山一样，能获得那样的赞扬。年长的兄弟姐妹为了获得表扬，可能会退回到年幼孩子的状态，做出类似的行为，即使他们几年前就掌握了这些技能。相反，如果年幼的孩子认为大孩子的行为更受重视，他可能会努力模仿大孩子。有时，孩子为了获得关注、尊重和重视，甚至会模仿父母的行为。

一方面，这种模仿是可取的；它可以是一个正常的，恰当的发展阶段，帮助孩子学习新的行为。然而，一些极端的孩子在模仿时几乎将自己变成另一个人的复制品，限制了自己的发展。这些孩子通常对自己的身份缺乏安全感，觉得自己在家庭中不被接纳、不受重视。就好像他们不敢做自己，必须扮演另一个角色才行。例如，一个爱运动的父亲为孩子在运动中出色的表现而感到自豪。看到体育运动能带来家长的积极关注，年幼的孩子开始尝试参加体育运动，尽管他们更喜欢其他活动，比如吹单簧管。

兄弟姐妹之间能力的不平等

在大多数家庭中，兄弟姐妹之间的总体能力水平可能是相似的。在一些家庭中，一个或几个孩子的综合能力可能明显较差，或者他们有天赋，但也有学习障碍或其他限制条件。即使兄弟姐妹之间的整体能力水平相似，孩子们擅长的领域和完成任务的方法可能也存在着巨大的差异。这些差异会影响兄弟姐妹之间的关系，也会影响父母的行为。

家族史、传统或价值观会影响父母的行为。有些家庭更重视某一种能力，比如音乐能力、数学能力或运动能力，而不是另一种能力。关于重视哪些能力的信息可能是公开的，也可能是隐晦的，但是家庭中的对话、肢体语言或生活方式会让孩子觉得他独特的才能被低估了。父母将他们的时间、精力和资源花在哪里，这些都向家庭成员传递了信息。本书第一版的主要作者詹姆斯·韦伯博士经常说："一个社会看重什么，它就支持什么。"对于家庭来说也是如此。要觉察你在支持什么，因为如果你在一个孩子的活动上花费了数百美元，而在另一个孩子的活动上几乎没有花过钱，你可能在无意中传达出了某种天赋比另一种更有价值的观点。

显然，我们不希望那个在某方面能力较差的孩子觉得自己不值得我们的关注和爱。如果孩子们怀疑我们是否重视他们，他们可能会感到怨恨，并直接或间接地表达这些情绪。然而，面对超常儿童的种种要求，我们很容易忽视能力较差的孩子，而超常儿童有时也会对兄弟姐妹吹毛求疵，说一些伤人的话，比如"她只是太蠢了！"。

虽然孩子们的能力可能相似，但他们智力的类型，擅长的领域可能截然不同。父母可以突出所有孩子的优点和缺点，提高孩子们对兄弟姐妹之间差异的认识，同时不做评判。聪明孩子的优点、缺点和不同步发展很适合作为讨论兄弟姐妹之间能力不平等时的话题。是否只在某些领域存在能力不平等？"不那么有天赋"的孩子是不是在某些领域中反而更有能力？有没有可能，这个孩子是一个"大器晚成"的人，或者他还没有合适的机会展示自己的才能？父母或老师很容易对天赋抱有狭隘的看法，而忽略了孩子特殊的才能。把你的网撒得大大的，在多个领域寻找可以培养的优势。记住，如果你最大的孩子是超常儿童，那么很可能家里还有其他的超常儿童，即使他们的能力和天赋表现得不那么明显，也不符合特定的天赋类型，或者和最大的孩子不在同样的天赋水平上。

如果一个孩子不擅长学习，在学术领域不算"有天赋"，也许他特别善良、富有同情心，也许他是一个好的领导者，也许他在足球方面有天赋，或者很擅长交朋友。寻找每个孩子独特的能力和天赋，通过你的话语——你相信孩子是有价值的、有能力的，你为他的能力感到骄傲——加强这些优势。让孩子们感到被爱、被接纳，让他们知道自己是有能力的，并且相信每个孩子在家庭中都是平等的，这对孩子的自尊心很重要。

榜样

不管你是否相信，父母是孩子们的主要榜样。回忆一下你自己和兄弟姐妹间的关系，你的父母是如何处理你们之间的关系的。你和孩子聊天时，是如何描述你的兄弟姐妹的？你是否在重复你从原生家庭中学到的模式？在现在的家里，你希望延续这样的模式吗？如果我们想成为孩子们的好榜样，我们应该看看我们的童年时光是如何影响我们长大后的生活的。我们可以深入地洞察目前我们处理关系的方式，不仅是兄弟姐妹之间的关系，还有我们与他人的关系。这种洞察使我们能够改变自己的信念和行为，让它们对我们和我们的家庭更有帮助，从而更好地给孩子们树立榜样。

作为父母，我们希望加强家庭内的合作，树立团队精神。我们不希望孩子们觉得他们需要为权力而斗争，他们必须卖力表现才能引起我们的注意，他们永远都不够好，永远无法取悦我们，或者一个孩子比另一个孩子更受重视。通过与家庭成员和同事之间的真诚合作、积极解决冲突，我们为孩子们树立了榜样，教会了他们合作。也许你有一些朋友，你想要模仿他们之间的互动模式。多去了解他们、观察他们的互动，寻找你可以借鉴和使用的内容。

切实可行的解决方案

- **利用特别时间。** 在前面的章节中，我们解释了特别时间，并鼓励你为孩子留出特别时间；你每天至少花几分钟的时间，全神贯注地关注每个孩子。这个方法在防止或减少兄弟姐妹之间的竞争方面特别有用，特别是当一个孩子觉得自己受到的关注比其他孩子少时。这种方法能让孩子知道他们是有价值的。通过给每个孩子留出特别时间，你告诉了孩子们，他们是独一无二的存在，你欣赏他们每一个人。

• **设定界限。**让你的孩子清楚地知道，有哪些行为是不能对兄弟姐妹做的。不能辱骂他人，不能做暗藏伤害的恶作剧。有些限制，比如禁止伤害他人，对所有人都适用，没有商量的余地。还有更主观的限制，并且你的价值观将决定你家庭的界限。一旦设定了界限，明确了家庭规则，干预就更容易了，甚至是可以预料的。

• **营造舒适的环境。**作为家长，你有权利在家里营造出你想要的氛围。设定界限当然是第一步。你也有权利保护自己的耳膜，享受属于自己的安宁。例如，"你们发出的噪音伤害了我的耳朵，请降低音量"，这样的话就传达了对家庭环境的明确期望。

对不能接受的行为采取坚定的立场，但不要过度批评和惩罚。正如我们之前写到的，严厉的惩罚会破坏亲子关系，并且通常会引发更大的兄弟姐妹之间的竞争，同时你也将失去营造愉快舒适环境的机会。严厉的反应可能会诱导孩子们更加激烈地竞争，以确保自己至少和兄弟姐妹是一样的，同时他们往往会寻找更狡猾的竞争方法，使自己免遭惩罚的同时让兄弟姐妹受到惩罚，从而提高自己的地位。父母的过度反应也会让孩子感到内疚、没有安全感，不相信自己会被家人接纳。

• **避免（至少减少）比较。**许多人长大后仍然将自己和兄弟姐妹进行比较。"我的姐姐们比我聪明，学习也比我好，但我更善于交际，我想我与别人的关系更好。""我曾经是家里的'书呆子'，我现在也是。""我哥哥是个彻头彻尾的混蛋。我看到了他的问题，他太固执了，我肯定不会做出和他一样的事。"我们自己都在和家中的其他人进行比较。那么，我们怎么能指望我们的孩子不去比较呢？

也许我们不能完全避免比较，但我们可以减少比较的频率，对比较如何影响孩子更加敏感。除了不要公开地比较孩子之外，家长在与朋友交谈时也应该尽量不要比较你们的孩子，尤其是当孩子可能会听到你们的谈话内容时。当你和别人谈论孩子时，请一定要在私下里进行。例如，父母可能没有意识到他们在评价、比较、分配或定义角色，他们会说："嗯，我的大女儿'学习好'。她每门功课都得A。二女儿'会社交'。她每时每刻都和朋友们在一起。"家长可能觉得他们只是发现了女孩们的差异，但无意中听到对话内容的孩子可能会以最糟糕的方式理解它。"妈妈更喜欢（我姐姐），因为她成绩好。"因为超常儿童已经在将自己和兄弟姐妹进行比较了，当父母也这样做的时候，可能会让人无法承受。

当父母无意中表达了他们更认同某一个孩子，并传递出偏爱的感觉时，家里其他的孩子可能会感到痛苦。一位父亲可能会说"汉娜在艺术方面很有天赋，就像她的奶奶一样"，这传达了一个不那么隐晦的信息，即汉娜在某种程度上更受欢迎。比较成绩尤其可能产生负面影响——有时对超常儿童的兄弟姐妹有影响，有时对超常儿童有影响——因为这意味着对个人价值的潜在评估。父母要传达的重要信息是，每个孩子都是独立的个体，他们希望每个孩子都能尽力做到最好，他们对比较不感兴趣。

- **描述事实，而不是与他人比较。** 像所有的孩子一样，超常儿童希望别人以他们的行为，而不是其他人的行为来评价他们，并且把这种潜在的信念明确地表达出来很重要。不要比较，简单地描述正在发生的事实——你不喜欢这个行为——或者描述需要孩子做什么，而不要将另一个孩子拿来做比较。描述你所看到的事实、你的感受、孩子需要做什么。当孩子取得成功时，再次描述你所看到的事实和你的感受。描述问题时不要谈其他的兄弟姐妹，直接处理问题，并允许孩子直接回应。不要批评孩子，也不要将孩子与其他人进行比较，而是要引导孩子做出你喜欢的行为，给孩子一个自己成功的机会，不要进行任何伤人的比较。

- **当别人做比较时。** 有时，亲戚、邻居、老师或其他人在比较兄弟姐妹时无心的话，会引发竞争。要求他们尽量不要将一个孩子与另一个孩子进行比较，如果一定要比较，要在孩子听不见的情况下私下进行。要提醒他们，每个孩子都是独一无二的，都有自己的长处和短处，有差异是很正常的。当然，你不能一直控制别人说什么，因此会出现不好的比较。你可以再次让孩子知道，你重视他们特殊的优势和能力，通过这种方法来抵御伤害。让孩子知道他们是独一无二的，你欣赏他们的特别。

• **减少你的参与。** 所有的兄弟姐妹都会吵架、拌嘴、争论、打架。除非争吵升级到可能会发生伤害或危险，需要成人干预的地步，否则我们建议你忽略它们。孩子们争吵或打架经常只是为了获得父母的关注，吸引你过来，或者让另一个兄弟姐妹陷入麻烦，这样他看起来就表现得更好。如果你介入其中，就是在支持战斗，因为你给了他们想要的关注。如果你忽略这些噪音，继续做自己的事情，你的行为就告诉他们，这是他们要解决的问题，而不是你，你相信他们有能力解决自己的问题。你甚至可以说："我认为你们两个可以自己解决这个问题，所以我不打算介入。"成长的一个重要部分是学习如何处理争议、解决问题，如果我们总是干预其中，孩子们就无法学习这些技能。年幼的孩子在解决争端时可能需要一些示范或指导，但即使是年幼的超常儿童也能学会自己解决冲突。

在前面关于纪律的章节中，我们描述过"退出"。这个技巧也可以用在孩子们想要把你拉进他们的争吵中时。如果观众离开了，争吵一般就会停止。让自己离争吵的地方远一点，或者用吸尘器的声音盖住争吵声，这样你更容易忽略它，而且还能在必要时保持对局势的关注。

• **肯定感受。** 即使你禁止某种行为，你也能觉察并接受导致它发生的感觉。争吵和打架是交流的形式，感觉是所有交流中的重要组成部分。如果孩子能够描述与冲突有关的感受，或者父母可以帮助孩子用语言表达自己的感受，孩子就能立即从痛苦和伤害中得到解脱。观察、发现并确认感觉，这样孩子就更能集中精力，寻找解决方案。

• **不要站队。** 一般来说，如果你不确定哪个孩子是争吵的发起者，哪个孩子是主要的过错者，这种方法会更有效。超常儿童可能非常擅长诡辩、操纵、找理由、争论。最好是让争吵双方都尝到苦果，或者告诉他们你相信他们能想出一个合理的解决方案。除非你目睹了整个过程，否则寻找那个惹事儿的孩子只会导致更多的冲突，因为每个孩子都不想被骂，都会努力地解释，列出一连串原因，有的可以追溯到几年前。让争吵双方都尝到苦果，会减少未来的教唆，因为孩子们知道，他们很难让另一个孩子陷入麻烦，不管怎样，双方的结果都一样。

- **教孩子分享和解决问题。** 当孩子们分享一个玩具或一个物品时，公平问题就出现了。要分饼干或切披萨的时候，让一个孩子分，让另一个孩子选。如果这个东西是一个不能分的玩具，让孩子们想出一个公平的分享方式。向孩子们传递这样的希望：你们能自己解决问题。你可以这样说："你们两个听起来真的很生对方的气！"（看到并承认他们的感受）"哇！两个小孩，但只有一个屏幕。这是个问题，对吗？"（描述问题）"好吧，我相信你们能想出办法，这样你们就可以轮流用了。"（鼓励他们自己解决问题。）然后你就走开。离开那里不仅会鼓励他们自己解决问题，还会转移你的注意力，而这可能也是他们想要的。

- **扩展、突出孩子的角色。** 如果孩子的身份似乎与某个（或某几个）特定的角色紧密相连，扩展角色会有所帮助。例如，父母可以温和地鼓励孩子寻找新的兴趣，或者他们可以强调孩子在日常生活中的不同功能和责任，以及孩子们的行为如何为家庭增加价值。也许父母希望塑造新的角色或寻找转换角色的机会。平日里扮演跟随者角色的孩子可能会被分配当天的领导者的角色。第四章中描述的家庭的"超级星期六"是一个简单的方法，可以让每个孩子都有机会担任领导角色。如果你的孩子是一个年幼、内向的超常儿童，你可能需要更加努力地让孩子参与到新的、不同的兴趣之中。当这些角色扩展时，强调你对他们的欣赏会有所帮助。

在孩子眼中，有些角色比其他角色的地位更低。比如，一个有才华的音乐家或舞蹈家似乎没有一个明星运动员那么有价值。在这种情况下，指出孩子所具备的具体技能，可能会帮孩子看到，他们的角色比他们以为的更有威望。

- **公平地对待孩子并不意味着总是一视同仁。** "他的更多"是电脑桌或厨房餐桌等地方经常出现的主题。对于超常儿童来说，这是公平和个人价值的问题。抱怨的孩子想知道他和他的兄弟姐妹一样受到重视，因此他应该有同样多的使用平板电脑的时间。从某种程度上说，要求比兄弟姐妹得到的更多，是在要求父母认可孩子感受到的一些差异——例如，我比他们年长，因此，我应该得到更多。当与食物有关时，父母明智的做法是回应孩子的感受，简单地问："你是说你还饿吗？还饿的话，我们有很多食物。"当涉及电脑使用时间或其他特权时，明确的限制会有所帮助，因为有些特权因年龄而异。

在许多情况下，孩子们需要特殊的对待，而不是平等的对待。假设你有一块巧克力蛋糕，"公平"起见，你把它平均分成了四份，给你的四个孩子。虽然这是平等的，但如果一个孩子正在节食，不能吃蛋糕，第二个孩子对巧克力过敏，第三个孩子不喜欢巧克力，第四个孩子很高兴能吃到一块巧克力蛋糕，那么这就是不公平的。我们需要分别对待这四个孩子，而不是一视同仁。

随着孩子们年龄的增长，他们是否上了相同的课程，或者得到了相同的资源？如果一个孩子在音乐方面有天赋，他想上吉他课，我们可以满足。如果另一个孩子对所有音乐课程都不感兴趣，我们不会为了公平，让他去上钢琴课。我们会寻找其他更符合孩子兴趣的课程。

这些例子说明，在某些情况下，我们必须个别地对待每个孩子，因为平等对待并不总是恰当的。根据孩子的天赋、兴趣、能力，发现他们独特的需求。外出购物时，如果父母看到一个孩子特别感兴趣、特别需要的东西，不必给其他孩子也买类似的或等价的东西。一贯坚持这个目的明确的方法会向所有孩子传递这样的信息：如果他们需要什么东西，父母会买给他们。我们鼓励父母考虑孩子的独特性，根据每个孩子的个人需求进行给予，而不是在数量上平均分配。平等对待意味着我们给每个孩子他们所需要的东西，而不是给他们同样的物品或资源。

• **鼓励手足合作。**想办法让一家人一起朝着一个共同的目标努力。也许是一个存钱游戏，为家里想要买的东西存钱。每个人都可以在过程中和出结果时进行投资。孩子们将学会合作、明白努力工作和出色完成工作的价值。每个孩子都有一个重要的角色，每个角色都是有价值的。合作性的桌游也可以达到这个目的，即帮助每个孩子感受到自己的价值，觉得自己是被公平对待的，感受家人的鼓励，感到自信，同时，减少兄弟姐妹之间消极竞争的可能性。以这种方式培养亲密关系可以让大家合作的时间更久。相互尊重的合作可能不会改变基本的家庭角色，但会减少愤怒、嫉妒和怨恨。

兄弟姐妹之间的合作是一个健康的目标，有可能的话，让孩子理解合作的价值，鼓励孩子们合作，因为合作远远好于竞争。一些家庭不仅努力发现并且重视自己的家庭活动和家庭角色，也重视其他家庭的，它们当然比孩子们竞相争夺父母的注意力、家里一片混乱的家庭更理想。虽然人们在一生中，更喜欢保持同样的行为模式，但改变是可能的。然而，在生命的早期改变模式比成年后更容易，父母在早期对兄弟姐妹之间互动的管理是关键。

第十一章
超常儿童与学校

由于孩子生活的大部分都与学校和功课有关，所以为超常儿童找到合适的教育机会非常重要。在选择最适合超常儿童的学校时，有许多因素需要考虑，比如学校是如何发现、教育超常儿童的。了解当地关于超常儿童的规定，可以以有利于孩子的方式与学校合作。在了解学校发现超常儿童的方法，以及能够提供的教育之后，家长可以做出更好的决定。

在美国不同的学区和不同的州，超常儿童的发现过程和超常项目之间的差别很大。一些学校接到授权，可以识别超常儿童，并为他们服务；另一些则不然。有种误解是，由于突出的天赋，超常儿童很容易被发现。一些超常儿童确实因为不同寻常的能力脱颖而出。还有的孩子则不那么引人注目，他们也可能隐藏自己的才能，让自己隐藏在人群中，有些学校在识别的过程中会有所遗漏。学校应该有特定的测试程序来发现所有的超常儿童，特别是那些在传统的超常教育项目中被忽略的学生，比如双重特殊儿童和来自不同文化、不同语言背景的孩子。这些学生可能需要其他的识别过程来发现他们的能力，确保他们没有被遗漏。

一旦确定了学生是超常儿童，就必须将超常项目与识别过程相匹配，因为天赋有许多种不同的类型和层次，包括学术能力、智力、视觉艺术能力、创造力等。尽管天赋并不总是与学习有关，但许多学校的超常项目都侧重于学术技能，那些需求无法在普通的课堂中得到满足的学生被这些技能吸引，觉得很有挑战性。这可能会出现问题，例如，一个学生在视觉艺术或创造力方面有天赋，需要参加这方面的超常教育项目，但却进入了一个对阅读和写作技能要求很高的项目，并在其中挣扎。

学校中使用的识别超常儿童的工具

许多家长都知道智力测试（俗称智商测试），我们通常用它来识别天赋，还有许多其他的方法能够客观地识别超常儿童。在识别的过程中，学校会使用额外的信息，包括清单、评分量表、工作样本和学习成绩测试。一般来说，学校会广泛撒网，综合运用上述各项措施，筛选符合条件的学生。

群体管理能力测试

从历年的经验来看，学生必须由发现他们的行为中有天赋特征的老师或家长提名或推荐，才能参加超常教育测试。然而，许多学区已经放弃了这种模式，因为隐性偏见导致大家更愿意推荐那些听话的、口头表达能力强的学生。此外，没有受过教育或者不知道自己可以推荐孩子参加超常教育项目的家长也处于不利地位。

许多学校开始倾向于使用所谓的普遍筛选。所有学生至少参加一次测试，以减少学生被遗漏的可能性。普遍筛选的工具，可能包括一般能力的测量，比如认知能力测试（CogAT）和纳格利里非语言能力测试（NNAT），这些工具以群体测试的形式呈现，评估学生解决问题的能力和认知能力。学生要么有资格进入超常教育项目，要么根据测试结果进入下一轮测试。一些地区因为费用问题无法使用普遍筛选的方式，便采用家长、教师提名，或其他不太公平的做法。[1]

学习成绩测试

许多学校会考虑在能力测试之外，增加标准化的阅读或数学成绩，或者直接用阅读或数学成绩来识别有天赋的学习者。学习成绩测试衡量的是到目前为止，学生在各个学术领域学到了什么。每年都有全州范围的考试，各地也有其他的学年评估测试。

成绩测试有其局限性，特别是在低年级中。如果孩子的上进心很强，在家里有很好的学习机会，他们可能在成绩测试中取得很高的分数，即使他们的智力只是略高于平均水平。另一方面，成绩测试可能会漏掉那些在上学前没有太多机会学习的孩子，即使他们有潜力。

在某些学校，教育工作者不愿意在三年级以下识别超常儿童，他们更希望等待，看孩子对学校提供的智力和学术刺激的反应。一些教育工作者认为，到了三年级，孩子们的能力将"趋于稳定"，许多之前获得高分的学生，他们的表现将更接近于平均水平。对于那些已经准备好接受额外刺激的超常儿童和那些经过适当的挑战，就能在成绩测试中表现超常的孩子来说，这种在识别高级能力方面的延迟是没有好处的。如果一个孩子以二年级的水平进入幼儿园，他的分数在二年级结束时"趋于稳定"（经过三年的教育），人们应该关注的是，他在学业方面是否经受了挑战，是否得到了成长。每个孩子每年都应该学习知识，并在学业和技能发展方面至少表现出一个年级的进步，但超常儿童一般会进步得更快。

一些超常儿童在学校成绩测试中的得分远低于他们的实际能力，因为：（1）他们没有动力回答标准化的多选题；（2）他们在测试中过于具有"创造性"，寻求更复杂、更新颖的答案；（3）测试强调语言能力，但有些孩子的天赋在其他方面；（4）学生的英语熟练程度有限。一些超常儿童承认，他们漫不经心地匆匆做完测试，好去参加自己更喜欢的活动（比如阅读或额外的课间休息）。这一点经常被忽视，因为学生以小组为单位进行测试，无法对某个人进行分析，使一些学生无法接受他们需要的教育。

另一个关于超常儿童成绩测试的担忧是"天花板"效应。在一项常用的团体测试中，即使所有问题都回答正确，最高分也会低于某个年龄段的典型天赋的临界值。只要错了一个题目，分数就会大幅度下降，因为测试题目的难度不够，超常儿童无法展示他们知道多少。这样的"天花板"效应不利于超常儿童，需要为年龄较大的孩子设计"高年级水平测试"来准确评估他们的技能。高年级水平测试可以减少但不能消除"天花板"效应，因为它为了展示成绩，将低年级学生与高年级学生进行比较。例如，一个三年级的学生可能会参加为测试五年级学生的阅读能力和数学能力设计的成绩测试，与比他高两个年级的学生比较。这些测试的高分显示了较高的水平，表明需要进行高年级水平的学习，并为超常教育计划提供了数据。

创造力评估

创造力比智力更难捉摸。它当然与智力相关，但它涉及发散性思维，而智力，尤其是目前的测试测量的智力，则涉及聚合思维、传统思维和解题能力。创造力很容易在绘画或音乐作品中发现，但很难客观地测量，尽管有些测试尝试着量化它。

两位早期的创造力理论家吉尔福德（Guilford）和托伦斯（Torrance）[2]描述了四种创造力：流畅性、灵活性、原创性和精进性，这是《托伦斯创造性思维测试》（*Torrance Tests of Creative Thinking*）的基本组成部分。[3]测试项目要求学生提出许多想法（流畅性），包括天马行空的想法（灵活性），别出心裁、与众不同的想法（原创性），以及建立在之前想法基础上的想法（精进性）。根据孩子们在四种创造力方面的表现给他们的答案打分。评分很费时间，有些部分是主观的，通常由受过专业训练的人完成。由于考试和评分需要时间和培训，学校不常使用这种方法。

天赋特征清单

在评价超常教育时，学校经常将老师或家长对天赋特征的评价纳入其中。这些评分表描述了学生是否使用高级词汇、是否具有快速学习能力或解决抽象问题的能力等特征。做出准确的判断对老师和家长来说都很困难。无论是由于缺乏培训还是由于偏见，老师和家长对天赋的有限理解都会影响谁被选中。当学生因为教育不匹配而表现出不恰当的行为时，老师和家长可能不会观察到他的天赋特征。关于天赋的培训是必要的，这样这些测量方法才能准确地识别出超常学生，超常学生也才能接受他们需要的教育。

个人智力测验

智力与成绩不同，对它们的测试也不同。智力测验或智商测验测量的是整体认知能力和智力潜力。个人智力测验由评估语言和非语言能力的子测验构成，包括推理能力、记忆力、加工速度、抽象思维和计算能力，这些测试使用新颖、引人入胜的题目，孩子们无法通过"猜测"获得高分。一个聪明的孩子可能需要两个小时以上的时间完成一个综合测试（尽管有些测试有精简版），超常儿童子测验的分数经常会出现明显的高峰和低谷，分数从平均水平（甚至低于平均水平）到超过标准计分表范围。这些分数的变化凸显了超常儿童的非同步发展，可能反映了发展滞后的部分或有学习障碍的部分，即使这一部分的分数也达到了平均水平。不应该忽视那些显著的差异，它们可以帮助老师和家长发挥孩子的优势，适应他们的不足，并管理自己的期望。

尽管总体智力测验的分数一般在10岁左右趋于稳定，[4]但它们可能因测试而异。智力测验是某个给定时间里的智力快照，分数可能受到很多因素的影响，比如疲劳、不安、疾病、对测验的恐惧、与测验管理人员关系不佳、缺乏智力刺激或其他因素，这些都可能对分数造成负面影响。在个人测验中，测试者可以观察所有问题，并将其纳入做出准确评估的过程。智力测验提供了大量关于优势、劣势和教育需求的数据，能够帮助家长和老师对孩子的学习成绩有一个合理的预期。它只是一种测量方法，但它提供的数据可以指导学术规划，满足学生的需求。然而，一个孩子不应该被他的智商分数定义或限制，就像一个职业四分卫球员不应该只以他的完成率来定义，或者一个棒球运动员不应该只以他的上垒率来定义一样。

心理学家最常使用的个人智力测验是韦氏系列测验。韦氏儿童智力量表第五版（WISC-V），专为6岁及以上儿童设计；韦氏学龄前及幼儿智力量表第四版（WPPSI-IV），专为3至7岁幼儿设计。斯坦福-比奈智力量表第五版（SB-5）和考夫曼儿童成套评价测验第二版（KABC-2）也经常被使用。每一个测验都提供了一个总体智商分数，以及各个分项的分数，包括语言能力、视觉空间推理能力和抽象思维能力。

学校不应该仅仅依靠孩子的总智商来确定他们是否有天赋，特别是对双重特殊儿童。例如，在韦氏儿童量表中，有测量工作记忆和加工速度的子测验，具有神经多样性的个体在这些方面的表现可能明显低于其他方面，并因此拉低智商总得分。在这种情况下，一般能力指数（General Ability Index，GAI）可以作为补充，它消除了工作记忆和加工速度的影响，可以根据韦氏儿童量表中其他子测验的分数计算出来。全国超常儿童协会发现，一般能力指数得分（或其他综合得分）可以更好地反映一个孩子的整体能力，而且韦氏儿童量表是识别超常儿童和双重特殊儿童的最佳方法。

使用多个数据点发现天赋

在寻找超常儿童时使用多种标准——教师评分、学习成绩、能力测试分数、创造力测试、作品集——当然是恰当的，这一点对于寻找有其他教育需求的超常儿童尤其重要，比如双重特殊儿童或语言、文化不同的学生。不幸的是，使用多种标准有时被误解为设置"多重关卡"，即要求学生满足所有标准才能被认为是有天赋的。正确地使用多种标准意味着使用各种数据来源作为可选择的识别途径，[5]学生不必跨越重重筛选障碍，确保能够识别出更多的超常学生，让他们享受应受的教育。

应该参加校外的测验吗？

在回顾孩子在家里和学校的健康和行为的整个情况之后，你可能想要寻找一个合格的私人心理学家来对你的孩子做一个全面的评估。由了解天赋的评估者进行外部测试，对于确定孩子的教育需求和发现你所在地区的超常教育资源非常有帮助。超常儿童、特别突出的超常儿童或双重特殊儿童的个性化评估数据显示出他们在某些特定的领域有多聪明，在哪些领域可能存在问题。这个过程强调了孩子身上不寻常的能力。尽管家长知道有些学校不接受外部测试，但有时需要这样的评估来说服学校的老师，让他们相信超常儿童需要专门的教育。找到合格的超常儿童评估者可能很困难，地区和国家的超常儿童组织可以提供帮助。

几岁可以做智商测试？

虽然有些测验在两岁时就可以进行，但在5岁和10岁左右各进行一次个人智力测验，会更有帮助。5岁时，测验具有合理的预测性，并可以为教育计划提供依据。及早识别超常儿童，有助于学校在这个学习的关键时期，更好地为他们设立合适的学业挑战，让他们参与到学习中去。随着孩子年龄的增长，测验成绩的准确性也会提高，到了10岁左右，测验成绩已经非常准确，[6]这时进行第二次测验，可以帮助他们规划初中和高中的学习生活。第二次测验还可以用来识别孩子变化的需求和其他必要的调整，比如跳级或提前学习某一学科。例如，如果一个5年级的学生在阅读和语言方面的成绩达到了11年级的水平，这个孩子就可以加速学习某门课程或者其他高阶的选择。

相信自己的观察

正如我们在前文中指出的，超常儿童很难识别出来，一些超常儿童在学校筛选中会被漏掉。即使家长在校外进行了测试，他们也可能会遇到行政阻力。家长们可能会得到学校这样的反馈："只有通过我们学校的测验，才能进入我们的超常项目。"为孩子争取权益，却遇到这样的障碍，是令人沮丧的。父母应该牢记，自己的观察和判断也是有价值的。父母对孩子的了解远远超过考试成绩所描述的。有些超常儿童不总是通过考试来展示他们的能力，而且全国超常儿童协会对天赋的定义中，包括有出众的能力，而不论成绩如何。作为家长，你不用只依靠学校的老师来确定你的孩子是否有天赋。相信你的观察，如果有必要，寻求外部的评价，确定什么对孩子是最好的，这样你就可以为他的特殊需求争取权益。

学校对超常儿童的支持

大多数任课教师很少或根本没有接受过关于超常儿童的培训——他们的特点、需求，他们与其他人的不同之处，他们如何学习，如何为他们组织教学。在美国，大多数州并不要求通过超常儿童的培训才能获得教师资格证书。即使是训练有素的教师，在给予超常儿童充分的挑战时也会遇到障碍。老师们可能忙于满足那些有困难的学生或者有行为问题的学生的苛刻要求，而那些聪明的学生只能"悄然下滑"。

和同龄人一样，超常儿童需要有挑战性的工作。我们都需要奋斗、寻求帮助、犯错，通过这些学会坚持，并培养自信。生活在一个毫不费力的环境中，会让人对以下事情产生不健康的信念：什么叫必须努力才能做到，获得他人的认可意味着什么，什么时候可以为自己争取权益。一些长大成人的超常学生说，他们直到进入高中，上了几何、化学、微积分等高阶课程，才开始学习。有些人在上大学、研究生院之前一直很"轻松"。当他们终于要学习一门必须学习的课程时，遇到了麻烦，因为他们已经习惯了不看书就轻松通过。在大学里克服这些习惯是一项艰巨的任务。

幸运的是，有一些训练有素、尽职尽责的老师，能够高效地与超常学生打交道，而且他们似乎对超常儿童有一种直观的理解，可能因为他们曾经也是超常儿童。虽然大多数学校不允许家长要求特定的老师，但许多学校在安排老师时，会考虑到某个孩子的需求（特别是在低年级时）。家长可以让学校领导知道什么类型的老师能够帮助孩子茁壮成长，也许他们可以寻求现任教师的帮助，请他向更换后的老师描述孩子的教育需求。

超常项目的选择

课程与教学的差异化。在混合能力班级的课堂上，教师为不同水平的学习者计划、组织、提供不同的教学内容、教学方法和学习材料。老师为了满足班级里不同学生的需要，修改课程内容、教学过程或课程成果，这就是"差异化"教学。仔细思考和计划，使每个小组在老师指导其他小组时，都能参与其中。特定的超常项目可以提供更合适的教学环境，因为超常学生能力差异化的范围不像普通学生能力差异化的范围那么大。

丰富模式。丰富模式是指经过修改，教学中可以包括接触新思想，扩展常规课程的主题，或者更深入地探索一个概念。横向的丰富模式包括探索与标准课程相关的材料，而纵向的丰富模式则涉及更高级的工作。丰富模式教学意味着增加所学课程的广度或深度，而不仅仅是做额外的工作。如果孩子们正在学习欧洲的中世纪城堡，他们也可能会了解到，随着攻击城堡外墙武器的发展，城堡的建造逐渐发生了变化。像"变化"这样宽泛的概念，可以给所有主题的学习增加深度和广度，因为变化发生在所有领域。城堡是如何随时间变化的？是什么引起了这些变化？由于新的发展，当今社会发生了什么变化？这样的问题可以引起学生更高层次的思考，使学习变得更有趣。

可以提供一些丰富模式的内容作为常规课程的补充。例如，在全校的集体舞表演之后，一些有天赋的学生可能会通过学习编舞、学习舞蹈训练方法，或者通过编自己的舞蹈来更深入地探索这个领域。[7]也可以在星期六的特殊课程、暑期课程、课间探索主题或兴趣小组里安排扩展的内容。

在一些学校，超常项目主要是通过"抽离"计划来丰富课程内容的。学生们离开他们日常的班级，与其他超常学生一起，和受过专门训练的老师上课。这些项目扩展了常规课堂的教学内容；超常儿童专家也会与普通教师合作，在日常的课堂中为学生开发有挑战性的工作。在这种模式下，超常儿童大部分时间都在普通教室里度过。

当常规教学的老师不要求超常学生必须完成所有落下的作业时，抽离式教育的效果最好。一些老师为了避免在超常学生参加超常项目时介绍新的概念，就利用这段时间与其他学生一起复习学过的内容。如果双重特殊学生在参加超常项目时错过了老师的指导或工作时间，他们可能会有额外的困难。

尽管有限制，抽离计划仍然很受欢迎，并且是最广泛应用于超常儿童的教育方式。在抽离计划中，超常儿童每周至少有一次与其他超常儿童互动的机会，同时，项目还提供情感支持和人际支持。虽然抽离计划每周只有几个小时，但也比没有好。超常学生一般都很喜欢这些时光，称他们在一周中最喜欢这些时候。

集群化分组。集群化分组是指将一小部分超常学生安排在一个普通教室里。对于学校来说，这种方式很划算，因为不需要"额外"雇佣教师。如果一所学校有4个二年级的班级，每个班级有25名学生，其中有一些超常学生，可以把这些学生和最擅长与超常儿童打交道的二年级老师安排在一个"组"。对老师来说，分组的好处是，可以区分这一组学生，让团队中所有老师的计划更有效。学生们可以相互交流，自由自在地做自己。当他们的班级中没有和他们一样的学生时，他们可能会感到孤独，并隐藏自己的能力。

加速模式（跳级）。"加速"一词描述的是让学生提前一个或多个年级，进入更高阶、更合适的课程体系学习的做法。全国超常儿童协会表示，"加速模式"提供了适当的、具有挑战性的学习材料，减少了学生完成传统教学所花费的时间，使教学速度与学生的能力相匹配。

加速模式包括提前进入幼儿园，跳级（比如从二年级升到四年级），或者在学期中升到更高的年级。尽管研究表明，加速模式对高天赋学生有益，但许多教育工作者对加速模式都持有个人偏见，他们认为学生应该留在与他们年龄一致的年级中。爱荷华大学贝林－布兰克中心（Belin-Blank Center）的研究表明，使用加速模式培养高天赋学生是一种成本低廉、易于实施的方法，也是一个公平的选择，能确保聪明的学生在学习上具有挑战性。[8]研究表明，无论是提前入学、跳级、缩短课程，还是提前进入大学，那些通过加速模式培养出的学生都享受其中，并从中获益。[9]尽管实施频率不高，但加速模式与许多学术干预措施相比，得到了更多的研究支持。

许多学校使用《爱荷华加速量表》（*Iowa Acceleration Scale*）来帮助教育工作者和家长决定合适的加速时间。其中包含了不应该加速的特殊条件，问答的形式让家长和教育工作者能够系统地考虑影响学生成功加速的各项因素，关于这些因素对提前入学或跳级的影响已有相关研究结果。[10]在衡量某个学生是否可以加速时，该量表考虑了他的能力、成绩、社交和情感因素。

学科加速。学科加速有利于学生在优势领域的发展。例如，数学是一门适合加速的学科，因为各学习主题的进展是线性的，至少在中学以前是这样。对于已经掌握了本年级内容的学生来说，在普通课堂上，数学很难有区分度。学科加速允许学生参加高阶课程，学习新的内容。然而，这会带来时间安排上的挑战，高天赋学生在参加高阶课程时可能会错过其他课程的教学，但这个困难可以通过老师支持或参加在线学习课程等替代方案来解决。

大学预修课程。计划上大学的聪明的高中生可以参加美国大学理事会（American College Board）提供的大学预修课程项目。该项目包含超过30个特定的课程领域，包括历史、物理、化学、英国文学、微积分、艺术史、西班牙语和音乐理论。这些课程是为需要学术挑战的学生设计的，并提供了一个在高中学习大学教材的机会。学生们在五月参加全国标准化考试。成绩可以在许多学院和大学折抵大学学分，或用以免修大学课程，或两者兼而有之。一些学生可以获得一到两个学期的大学学分。

国际文凭课程（International Baccalaureate）。国际文凭课程是为10—12年级的高能力学生设立的一项严格的课程。国际文凭课程受到世界各地精英学院和大学的高度重视。最初，该项目服务于各国大使和其他海外人士的子女。现在，许多学校得到授权，成为成员校，该项目在小学和中学也提供不同的课程。在高中，学生需要完成一个独立的拓展研究项目；写一篇4000字的拓展论文；学习知识理论课程；基于创新、行动与服务完成一个项目；并在六个学科组中达到国际成就标准，才能获得国际文凭。在六大学科组中，学生应取得高水平的成绩，包括掌握第二语言。提供国际文凭课程的学校和地区必须遵守严格的课程标准，并且可能需要额外的设备来进行生物、化学和物理方面的实验。

其他学校选择

特许学校。特许学校在美国的一些州发展起来，为家长提供公立教育之外的、不受教区管辖的教育选择。特许学校由州政府资助，规模几乎总是比公立学校小。一些认为孩子的需求在公立学校无法得到满足的家长，很喜欢这些学校小班教学的模式和增加的课堂互动。

私立学校和教会学校。尽管私立学校和教会学校面临着一些与公立学校相同的问题，但由于私立学校和教会学校的学费是由家庭支付的，它们的班级规模更小，分配给每个学生的预算更多。家长们应该知道，这些学校可以选择接受哪些孩子，也可以拒绝为有特殊心理需求或认知需求的学生提供服务。许多这样的学校以严格的课程设置为荣；家长在为孩子寻找合适的学校时应该做好功课。规模较小的学校可以给双重特殊学生提供的资源可能更少。此外，除非学校专门为高天赋学生提供服务，否则聪明的孩子很少有机会与同等能力水平的孩子一起学习。

为高天赋的学生专门开设的学校。医学院、法学院和其他研究生院都是专门的学校，对年轻人有特殊的入学要求。为了服务高天赋学生，也有类似的私立学校，专门为了满足高天赋学习者的需求而设立。例如，磁石学校（magnet schools）的建立是为了专注于某个专业领域，或是想要吸引在某个特定领域有热情或有天赋的孩子。这些学校提供个性化或高阶的学习，小班上课，任课教师了解天赋，也了解天赋对学习的影响。这些学校大多有着严格的入学要求或入学标准，有些学校甚至有很多候补的学生。

在家学习。越来越多的家庭让他们的超常儿童在家接受教育，因为孩子的特殊需求与公立或私立学校提供的教育不匹配。在家上学有各种各样的模式，重要的是要找到适合孩子的模式。尽可能多地收集信息，这样你就知道目标是什么，如何计划；了解当地和所在州对在家学习的要求也很重要。在家学习是一项全职工作，可能会很困难。当你思考在家上学是否适合你和孩子时，要考虑到亲子关系会发生变化，要考虑该如何探索，保证孩子有机会参与社交互动。文件资料很重要，尤其是现在，越来越多的大学采用更加个性化的、无须考试的录取程序。据报道，大学认为在家学习的学生取得了巨大的成功，他们上进心强、自律，同时具有良好的社交技能。一些大学规划服务机构为在家学习的学生提供专门的帮助，为他们在大学阶段取得成功做准备。

为你的孩子争取权益

父母们经常因为孩子的教育需求没有得到满足，或是因为孩子对学校变得灰心丧气而感到沮丧或愤怒。如果你是这样的家长，在处理学校的问题时，你需要消息灵通、保持积极、坚持不懈。了解当地和所在州的规定，了解孩子的需求，并准备好能够证明他们能力的证据。如果你以合作的精神而不是愤怒的态度对待学校，你会得到更满意的结果。

当你与学校商定孩子的教育计划时，要注意适当的"沟通层级"和与学校工作人员交谈的礼节。家长应该先和孩子的老师谈，在当地学校的层面解决问题。如果有必要，家长之后应该去找校长，然后去找区域内的超常儿童教育协调员，也可以去找学校的心理专家。没有和这些人员沟通如何解决问题之前，不要向学校的督学或学校董事会成员投诉。不要"绕过"老师或校长；让他们站在你这一边。只有在得不到老师和校长的帮助时，才向上级机关求助。如果你去找上级机关，他们会问的第一个问题，就是你是否和老师或校长聊过你的担忧。

改变学校的态度、政策、程序或资助是一个困难而漫长的过程。实施一个超常项目通常需要几年的规划。然而，有些社区的家长已经成功地做出了改变。但这需要的，不是一个父母，而是一群父母的共同努力。在有超常教育立法的州，父母可以提起法律诉讼或要求调解，但这费时费力。等到学校改变的时候，你的孩子可能已经落后几年了。

第十二章
寻求支持和帮助

因为你的孩子与众不同，你可能会觉得相比大多数父母，你必须依靠自己来决定什么样的养育方式是最合适的。你不能总是依赖普通的教育方法，甚至不能依赖教育工作者、心理学家或医生等专业人士的指导，因为他们中很少有人接受过任何与超常儿童的特点和需求有关的培训，他们也不知道该如何处理影响超常儿童家庭的问题。你应该考虑他们的建议，但有时你需要为孩子做一些别人可能会质疑的决定。正如我们之前讨论过的，你的孩子可能表现出发育不平衡，他可能对声音敏感，也可能需要在数学上加速。作为一个特殊孩子——一个有特殊需要的孩子——的父母，你可能不得不花费更多的时间和精力满足孩子的需要。你也可能会从很多人，包括你的孩子那里得到许多"不请自来"的建议，建议你怎样更好地养育孩子。

甚至你的日常生活也与你的朋友和邻居大不相同。一位超常男孩的家长抱怨，她对孩子不断的提问和言语挑战感到厌倦。她说，自己的孩子就像一名熟练的律师，能够注意到每一个漏洞和特例。这些孩子具有敏锐的观察力、强烈的情感和鲜明的个性，这些通常会对他们的家庭有很大的影响。正如一位母亲所说："我不是一个很卷的家长；我的孩子是个卷王！"

超常儿童的父母与其他父母或专业人士交谈并不轻松。对于没有超常经历的人来说，他们很难理解其中涉及的复杂问题。如果你和他们举例子，他们会认为你在夸大其词。他们就是不能相信超常儿童会像他们的父母描述的那样说、那样做。这就可以理解，为什么超常儿童的父母很少把孩子的成绩告诉他们的朋友，而且常常觉得有必要弱化孩子的能力。有些超常儿童的家庭甚至会发现，如果其他家庭的孩子没有相同的兴趣爱好，他们很难与其他夫妇或家庭社交。

美国心理学会（American Psychological Association）前主席，已故的罗纳德·福克斯（Ronald Fox）博士曾经说过："世界上有两种人：一种是有问题的人，另一种人还不太知道他们的问题是什么。"我们每个人都会在某些时候发现自己在挣扎。有些父母，就像他们的超常儿童一样，在寻求帮助时犹豫不决，但找到合适的支持和指导是必要的。

超常儿童一般需要三个方面的咨询和指导：学业规划和职业机会；与家庭、同龄人或老师有关的个人和社会关系；以及专业的校外经历。虽然父母和老师可以为超常儿童提供一些指导，但他们可能需要专业的帮助，不过，在什么时间、如何找到这些帮助具有挑战性。找到一位了解超常儿童及其含义的心理学家或咨询师是很重要的，他可以从预示着行为障碍的行为中，辨别出那些可以用天赋解释的非典型行为。

咨询其他家长

能找到预防性指导当然是最好的，无论这指导是来自定期拜访专业人士还是其他来源。有时候最有用的建议来自其他超常儿童的父母。你可能会担心孩子的经历是否正常，你是否提供了足够的刺激，你应该如何应对孩子表现出的令人筋疲力尽的强度，你该如何避免权力斗争。与其他超常儿童的父母交流可以让你对孩子的行为有新的看法，对其他家长尝试过的各种应对策略有新的认识。父母们常常惊讶地发现，超常儿童在家里和学校遇到的问题是多么相似。他们可以帮助彼此消除疑惑，让彼此相信事情可能没有看上去的那么"奇怪"或"糟糕"。其他有同样问题和担忧的父母，他们也许能向你推荐合适的专业人士，这也会让人感到舒心。

找到另外一个可以与之分享担忧和成功的父母，养育超常儿童就没有那么孤独了。尽管这很困难，但父母可以通过孩子的学校，通过所在州的超常儿童协会，或者通过联系全国超常儿童协会、超常儿童情感支持联络会这样的组织，找到其他超常儿童的父母。线上资源的数量正在增加，并且有专门为超常儿童的父母设计的讨论和支持小组，例如超常儿童情感支持联络会的模范父母小组。

寻找心理健康专家

超常儿童的父母可能会选择寻求心理健康指导。咨询、评估、预防性维护和/或治疗都可以在应对天赋带来的挑战方面发挥作用。父母可能为了成为更称职的父母而进行心理治疗；他们可能有无法解释的问题，这些问题与他们自己的天赋特征没有得到支持有关。咨询可以帮助他们更好地了解并接纳自己，改善他们的人际关系，成为更好的父母。

养育超常儿童涉及具有挑战性的人际交往和强烈的、不断变化的情绪。什么时候该寻求专业人士的帮助？当你发现孩子的行为或睡眠模式发生变化，缺乏动力或失去好奇心，或者在学校的表现出现波动，当你发现孩子出现了情绪上的退缩，突然开始保密，对以前喜欢的活动失去兴趣，或者反常地不愿意尝试新事物，这些都是问题的迹象。用温和的方式来交流这些事情。如果沟通失败，而且问题持续了几个星期，或者你发现孩子出现了焦虑或抑郁，最好找专业人士来明确情况，提供安慰和指导。

尽早带超常儿童进行心理咨询可以使其经历正常化，并减少他们对接受心理健康服务的羞耻感。咨询可以帮助超常儿童理解自己的行为和反应，并学会在需要的时候改变它们。有了积极的治疗体验，你可以告诉孩子，寻求帮助是一件正常的事情，这样在长大后，他们更有可能寻求支持和帮助。咨询应该包括明确的问题和目标，以及理解父母将会是这个过程中积极的部分，特别是对年幼的孩子来说。把咨询的费用看作为了让每个人都过得更好而进行的投资。通过适当的早期干预，所有人都可能获得更积极的结果。

虽然许多行为可以通过咨询改变，有时药物治疗也是可以的。不过如果不是必要的情况，不要给孩子用药，用药之前需要进行全面的评估，确定是否真的需要用药。不应该用药物"治疗"天赋行为，如情感的强度、好奇心、发散性思维或因不适当的教学环境而感到的无聊。如果使用药物，父母应该注意可能的副作用。

有效的咨询所带来的好处值得你付出的努力和金钱。家长会感谢专家提出的专业指导和建议。你可能会找到一位专业人士，他不仅了解超常儿童的需要，也了解你的家庭需要。一个好的治疗师是一种永不枯竭的资源。这个专业人士可以成为你和你的家人未来的向导、支持者和支撑。

寻求心理评估

在前面的章节中，我们讨论了对天赋的个人评估，如智力和成就测验，在为孩子争取教育服务方面利益时的效用。当超常儿童在与可能的心理健康问题斗争时，正式的心理评估可以提供额外的数据，帮助我们看清情况。对超常儿童进行测试有很多很好的理由——评估抑郁或焦虑，诊断学习问题，比如阅读障碍，为学校分班进行智力和成就测验，评估可能出现的问题，比如多动症或自闭症。测验应该由有超常儿童方面的经验的专家进行。没有经验的专业人员，虽然他们可能在测验方面很熟练，但他们不会察觉到许多可能会混淆测试结果的问题，或者不知道结果的含义。准确的测试结果、清晰的解释和适当的建议对于进入超常项目、获得合适的教育服务非常重要。

一个好的评估应该回答家长的问题，并提供具体的建议来解决这些问题。它还应该引导家长找到合适的资源。例如，个人智力和/或成就测试可以帮助家长确定一个孩子是否有天赋；帮助超常儿童制定教育计划；展示孩子的优点、缺点和偏好的学习风格；明确其他人应该对孩子抱有怎样的期望。如果需要，评估应提供所有关于可诊断疾病的信息。评估后，由评估者向家长解释评估结果，并提出建议。

经过知识丰富的专业人士的评估，大多数家长都会觉得自己更了解孩子了，他们会觉得评估非常值得。带着新的理解和数据，父母能够更好地为孩子提供合适的、必要的干预。最好每两三年做一次评估，以监测进展情况。

找到合适的专业人士

除了了解天赋以外，孩子和心理健康专家之间的关系是至关重要的。像超常儿童情感支持联络会和全国超常儿童协会这样的组织拥有资源，可以帮助父母联系临床医生，了解他们的背景和他们关于超常儿童及其家庭的经验。当地超常儿童的组织也可能会有资源。在线咨询的规模正在扩大，一些州已经允许其他州的临床医生提供视频远程治疗，这可以极大地扩大专业人员的范围。如果你找不到了解超常儿童知识的、合格的咨询师或专业人员，你可以找受过良好训练的咨询师或心理学家，他们至少愿意了解超常儿童和超常大人，一般这就足够了。咨询师、心理学家、精神科医生或儿科医生可能愿意通过继续教育课程来了解超常人群，美国心理学会和超常儿童情感支持联络会为心理健康专业人士提供这样的课程。

很多时候，善意但缺乏相关知识的专业人士认为，天赋是资产，不是负担。不幸的是，一些家长发现临床医生对天赋没什么兴趣，或者坚持在解决其他问题或解决"真正的"问题时"把天赋排除在外"。这种方法不仅不好，而且可能具有破坏性。虽然需要专业干预的问题很少全部由天赋引起，但天赋必须被考虑在内。否则，就不太可能完全解决问题。天赋是儿童发展的基本组成部分，了解它与了解儿童的总体健康状况同样重要。就像不知道孩子的身高就不能给他买裤子一样，如果你不承认、不理解超常儿童，你就无法与他愉快地相处。

咨询时，先试一试，看看咨询师的方法和风格是否适合你家庭的需要，因为与咨询师良好的关系有助于取得积极的结果。临床医生有不同的方法，一个非常有能力的心理学家，他的个人风格和专业风格可能与你一点也不匹配。与超常儿童和超常大人合作得很好的心理医生往往灵活、乐于接受质疑、聪明、有创意、有弹性，并善于避免权力斗争。如果你对和一名专业人士的初次会面、对他的发现或建议感到不舒服，或者如果专业人士没有考虑到天赋的影响，可以考虑征求第二意见。第二意见在医学上已经应用了很长时间，在心理学和教育上也适用。

期待成长

不是所有超常儿童的父母都需要专业人士的帮助。不是所有的超常儿童都会挣扎，有些孩子会找到关心他们的人，帮助他们了解自己，这是成长和发展的必经之路。最直接和最重要的帮助来自家庭，来自被支持的感觉和归属感。作为父母，从第一个孩子出生的那一刻起，你就要努力创造这样的环境。随着他们的成长，你要使他们经受具有适当的挑战性和丰富性的教育。亲子关系以及家庭内外的关系，在帮助孩子成长为健康的成年人的过程中会起到非常重要的作用。天赋可以成为成长的资产，但如果不被理解、不被正确对待，它可能会引起家庭、教育和社会关系的问题。在必要的时候，从家庭和专业人士那里寻求支持，会帮助你们的亲子关系不断发展、茁壮成长，并持续一生。

注 释

前 言

1　Strip, C. A., & Hirsch, G. (2000). *Helping gifted children soar: A practical resource for parents and teachers*. Scottsdale, AZ: Great Potential Press.

2　Betts, G. (2018). *Whole Gifted Child Task Force: National Association for Gifted Children.*

3　George, C. (2019). *10 Challenges You May Not Know Your Gifted Child is Facing:* National Association for Gifted Children Blog.

4　Stanley, T. (2018). *10 Myths of Gifted Children: GED Circuit.*

5　Gottfried, A. W., Gottfried, A. E., Bathurst, K., & Guerin, D. W. (1994). *Gifted IQ: Early developmental aspects*. (The Fullerton Longitudinal study). New York: Plenum Press.

Rinn, A. N. (2020). Social, Emotional, and Psychosocial Development of Gifted and Talented Individuals. Routledge.

Ruf, D. A. (2005). *Losing our minds: Gifted children left behind*. Scottsdale, AZ: Great Potential Press.

Silverman, L. K. (1993). *Counseling the gifted and talented*. Denver, CO: Love.

Webb, J. T., & Kleine, P. A. (1993). Assessing gifted and talented children. In J. L. Culbertson & D. J. Willis (Eds.), *Testing young children: A reference guide for developmental, psychoeducational and psychosocial assessments* (pp. 383–407). Austin, TX: Pro-Ed.

Webb, J. T., Meckstroth, E. A., & Tolan, S. S. (1982). *Guiding the gifted child: A practical source for parents and teachers*. Scottsdale, AZ: Great Potential Press.

6　Peters, D. (2016). *The Art of Parenting:* Dr. Dan's Blog.

引 言

1　Roeper, A. M. (1995). *Selected writings and speeches*. Page 142. Minneapolis, MN: Free

Spirit Press.

2   Haydon, Kathryn. (2016). *The Importance of Parent Intuition and Observation in Recognizing Highly Creative Children.* NAGC's Parenting for High Potential magazine.

3   Glynn, Jennifer. (2020). *Cooke-ing Excellence Through Research.* Jack Kent Cooke Foundation, National Asssociation for Gifted Children Blog.

第一章

1   Johnson, S., Makel, M., Bilash, M., Breedlove, L., Foley-Nicpon, M., Peters, S., Rinn, A., Shah-Coltrane, S., Trotman-Scott, M. F., Webb, J., & Worrell, F. (2019). Key considerations in identifying and supporting gifted and talented learners: A report from the 2018 NAGC definition task force. https://doi.org/https://www.nagc.org/sites/default/files/Position%20 Statement/NAGC%20Gifted%20Definition%20Task%20Force%20Report%20(3-2019) (2).pdf

2   Plomin, R., & Deary, I. J. (2014). Genetics and intelligence differences: Five special findings. *Molecular Psychiatry*, *20*(1), 98–108. https://doi.org/10.1038/mp.2014.105

3   Krapohl, E., Rimfeld, K., Shakeshaft, N. G., Trzaskowski, M., McMillan, A., Pingault, J.-B., Asbury, K., Harlaar, N., Kovas, Y., Dale, P. S., & Plomin, R. (2014). The high heritability of educational achievement reflects many genetically influenced traits, not just intelligence. *Proceedings of the National Academy of Sciences*, *111*(42), 15273–15278. https://doi. org/10.1073/pnas.1408777111

4   Nisbett, R. E., Aronson, J., Blair, C., Dickens, W., Flynn, J., Halpern, D. F., & Turkheimer, E. (2012). Intelligence: New findings and theoretical developments. *American Psychologist*, *67*(2), 130–159. https://doi.org/10.1037/a0026699

5   Miller, E. M., Matthews, M. S., Dixson, D. D., & Mammadov, S. (2022). In *The development of the high ability child: Psychological perspectives on giftedness* (pp. 130–150). essay, Routledge, Taylor & Francis Group.

6   DeYoung, C. G., Quilty, L. C., Peterson, J. B., & Gray, J. R. (2013). Openness to experience, intellect, and Cognitive ability. *Journal of Personality Assessment*, *96*(1), 46–52. https://doi.o rg/10.1080/00223891.2013.806327

7   Piechowski, M. M., Silverman, L. K., & Falk, R. F. (1985). Comparison of intellectually and artistically gifted on five dimensions of mental functioning. *Perceptual and Motor Skills*, *60*(2), 539–549. https://doi.org/10.2466/pms.1985.60.2.539

8　Winkler, D. (n.d.). Giftedness and overexcitability: investigating the evidence. https://doi.org/10.31390/gradschool_dissertations.3543

9　改编自 Clark, B. (2002). *Growing up gifted* (6th ed.). Upper Saddle River, NJ: Merrill Prentice Hall and Seagoe, M. (1974). Some learning characteristics of gifted children. In R. Martinson (Ed.), *The identification of the gifted and talented* (pp. 20–21). Ventura, CA: Office of the Ventura County Superintendent of Schools。

10　KenVinton, personal communication (1999).

第二章

1　Seale, C. (2019, September 3). Equity Does Not Mean Everyone Gets Nothing: There's a Better Way to Address New York City's Gifted Gap. *The 74 Million*. Retrieved October 1, 2022, from https://www.the74million.org/article/equity-does-not-mean-everyone-getsnothing-theres-a-better-way-to-address-new-york-citys-gifted-gap/

2　Grissom, J. A., & Redding, C. (2016). Discretion and disproportionality. *AERA Open*, *2*(1), 233285841562217. https://doi.org/10.1177/2332858415622175

3　Davis, J. L. (2010). *Bright, talented, & black: A guide for families of black gifted learners*. Gifted Unlimited.

4　Ford, D. Y., Grantham, T. C., & Whiting, G. W. (2008). Another look at the Achievement Gap. *Urban Education*, *43*(2), 216–239. https://doi.org/10.1177/0042085907312344

5　Davis, J. L. (2010). *Bright, talented, & black: A guide for families of black gifted learners*. Gifted Unlimited.

6　Bonner, L., Hicks, J., & Pennie, G. (2019). Recreating community among gifted African American students through Group Counseling. *The Journal for Specialists in Group Work*, *44*(4), 271–285. https://doi.org/10.1080/01933922.2019.1669752

7　Grantham, T. C., & Ford, D. Y. (2003). Beyond self-concept and self-esteem for African American students: Improving racial identity improves achievement. *The High School Journal*, *87*(1), 18–29. https://doi.org/10.1353/hsj.2003.0016

8　Allen, M. S., & Walter, E. E. (2018). Linking big five personality traits to sexuality and sexual health: A meta-analytic review. *Psychological Bulletin*, *144*(10), 1081–1110. https://doi.org/10.1037/bul0000157

9　Warrier, V., Greenberg, D. M., Weir, E., Buckingham, C., Smith, P., Lai, M.-C., Allison,

C., & Baron-Cohen, S. (2020). Elevated rates of autism, other neurodevelopmental and psychiatric diagnoses, and autistic traits in transgender and gender-diverse individuals. *Nature Communications, 11*(1). https://doi.org/10.1038/s41467-020-17794-1

10 Sedillo, P. J., & Chandler, K. (2022). The Why, Who, What, Where, and How for this Under-identified Underserved Population. In J. Castellano (Ed.), *Identifying and Serving Diverse Gifted Learners Meeting the Needs of Special Populations in Gifted Education* (pp. 68–90). essay, Routledge Taylor & Francis Group.

11 Shapiro, E. (2021, October 15). De Blasio to Phase Out N.Y.C. Gifted and Talented Program. *New York Times*.

12 Kircher-Morris, E. (2022). *Raising twice-exceptional children: A handbook for Parents of Neurodivergent Gifted Kids*. Routledge, Taylor & Francis Group.

13 Webb, J. T., Amend, E. R., Beljan, P, Webb, Kuzujanakis, M., Olenchak, F. R., & N. E., Goerss, J., (2016). *Misdiagnosis and Dual Diagnoses of Gifted Children and Adults: ADHD, Bipolar, OCD, Asperger's, Depression, and Other Disorders* (2nd Edition). Scottsdale, AZ: Great Potential Press.

Kaufman, S. B. (2018). *Twice Exceptional: Supporting and Educating Bright and Creative Students with Learning Difficulties*. Oxford University Press.

14 Silverman, L. (2019). *General Resources*. Gifted Development Center. Retrieved July 31, 2022, from https://www.gifteddevelopment.org/general

15 Robinson, N. M., & Olszewski-Kubilius, P. A. (1996). Gifted and talented child: Issues for pediatricians. *Pediatrics in Review, 17(12)*, 427–434.

Silverman, L. K. (1997a). The construct of asynchronous development. *Peabody Journal of Education, 72(3–4)*, 36–58.

16 Silver, S. J., & Clampit, M. K. (1990). WISC-R profiles of high ability children: Interpretation of verbal-performance discrepancies. *Gifted Child Quarterly, 34*, 76–79; Sweetland, J. D., Reina, J. M., & Tatti, A. F. (2006, Winter). WISC-III Verbal/Performance discrepancies among a sample of gifted children. *Gifted Child Quarterly, 40(1)*, 7–10; Gilman B. & Peters, D. (2018). Finding and Serving Twice Exceptional Students: Using Triaged Comprehensive Assessment and Protections of the Law in Kaufman, S. B. (Ed.) *Twice Exceptional: Supporting and Educating Bright and Creative Students with Learning Difficulties*. Oxford University Press; Amend, E. R. (2018). Finding Hidden Potential: Toward Best Practices in Identifying Gifted Students with Disabilities in Kaufman, S. B. (Ed.) *Twice Exceptional:*

Supporting and Educating Bright and Creative Students with Learning Difficulties. Oxford University Press.

17　Maddocks, D. L. S. (2018). The Identification of Students Who Are Gifted and Have a Learning Disability: A Comparison of Different Diagnostic Criteria. *Gifted Child Quarterly,* 62(2), 175–192. https://doi.org/10.1177/0016986217752096

18　Kircher-Morris, E. (2021) *Teaching twice-exceptional learners in today's classroom.* Free Spirit Publishing Inc. Kaufman, S.B. (2018). *Twice Exceptional: Supporting and Educating Bright and Creative Students with Learning Difficulties.* Oxford University Press.

19　Rinn, A. N. (2020). *Social, emotional, and psychosocial development of gifted and talented individuals.* Routledge.

20　Kaufman, S.B. (2015) *Ungifted: Intelligence redefined.* New York: Basic Books.

21　Centers for Disease Control and Prevention. (2021, September 23). *Data and statistics about ADHD.* Centers for Disease Control and Prevention. Retrieved July 31, 2022, from https://www.cdc.gov/ncbddd/adhd/data.html

22　American Psychiatric Association (2000). American Psychiatric Association. (2000). *Diagnostic and statistical manual of mental disorders* (4th ed., text revision). Page 91. Washington, DC: Author.

23　Barkley, R. A. (2014). Attention-Deficit/Hyperactivity Disorder: A handbook for diagnosis and treatment, 4th edition. New York: Guilford Press.

24　Gomez, R., Stavropoulos, V., Vance, A., & Griffiths, M. D. (2019). Gifted children with ADHD: How are they different from non-gifted children with ADHD? *International Journal of Mental Health and Addiction,* 18(6), 1467–1481. https://doi.org/10.1007/s11469-019-00125-x

25　Bishop, J.C. & Rinn, A.N. (2019). The potential of misdiagnosis of high IQ youth by practicing mental health professionals: A mixed methods study. High Ability Studies.

Hartnett, D.N., Nelson, J.M., & Rinn, A.N. (2004). Gifted or ADHD? The possibilities of misdiagnosis. Roeper Review, 26(2), 73–76.

26　Moon, S. M. (2002). Gifted children with Attention-Deficit/Hyperactivity Disorder. In M. Neihart, S. Reis, N. Robinson, & S. Moon (Eds.), *The social and emotional development of gifted children: What do we know?* (pp 193–201). Washington, DC: National Association for Gifted Children.

Webb, J. T., Amend, E. R., Beljan, P, Webb, N. E., Kuzujanakis, M., Olenchak, F. R., & Goerss, J., (2016). *Misdiagnosis and Dual Diagnoses of Gifted Children and Adults: ADHD, Bipolar, OCD, Asperger's, Depression, and Other Disorders* (2nd Edition). Scottsdale, AZ: Great Potential Press.

27   Kaufmann, F. A., Kalbfleisch, M. L., & Castellanos, F. X. (2000). *Attention-Deficit Disorders and gifted students: What do we really know?* Storrs, CT: National Research Center on the Gifted and Talented.

28   Crespi, B. J. (2016). Autism as a disorder of high intelligence. *Frontiers in Neuroscience, 10*. https://doi.org/10.3389/fnins.2016.00300

29   Billeiter, K. B., & Froiland, J. M. (2022). Diversity of intelligence is the norm within the autism spectrum: Full scale intelligence scores among children with ASD. *Child Psychiatry & Human Development*. https://doi.org/10.1007/s10578-021-01300-9

30   Michaelson, J. J., Doobay, A., Casten, L., Schabilion, K., Foley-Nicpon, M., Nickl-Jockschat, T., Abel, T., & Assouline, S. (2021). Autism in gifted youth is associated with low processing speed and high verbal ability. https://doi.org/10.1101/2021.11.02.21265802

31   American Psychiatric Association. (2013). Diagnostic and statistical manual of mental disorders (5th ed.). https://doi.org/10.1176/appi.books.9780890425596

32   Neihart, M. (2000). Gifted children with Asperger's Syndrome. *Gifted Child Quarterly, 44(4)*, 222–230.

第四章

1   使用以"我"开头的表达方式的技巧，在以下书籍中得到发展：Dr. Thomas Gordon. Gordon, T. (2000). *Parent effectiveness training: The proven program for raising responsible children*. New York: Three Rivers Press。

2   这一术语在以下书籍中首次使用：Satir, V. (1988). *The new peoplemaking*. Palo Alto, CA: Science & Behavior Books。

Betts, G. T., & Neihart, M. F. (1985). Eight effective activities to enhance the emotional and social development of the gifted and talented. *Roeper Review, 8*, 18–21与超常儿童讨论了这一方法的使用。

3   Delisle, J. R. (2006). *Parenting gifted kids: Tips for raising happy and successful children*. Page 131. Waco, TX: Prufrock Press.

第五章

1　Whitney, C. S., & Hirsch, G. (2007). *Motivating the gifted child*. Scottsdale, AZ: Great Potential Press.

2　Peters, S. J., Rambo-Hernandez, K., Makel, M. C., Matthews, M. S., & Plucker, J. A. (2017). Should millions of students take a gap year? large numbers of students start the school year above grade level. *Gifted Child Quarterly*, *61*(3), 229–238. https://doi.org/10.1177/0016986217701834

3　Whitney, C. S., & Hirsch, G. (2007). *A love for Learning: Motivation and the gifted child*. Great Potential Press, Inc.

4　Kerr, B. A., & Multon, K. D. (2015). The development of gender identity, gender roles, and Gender Relations in Gifted Students. *Journal of Counseling & Development*, *93*(2), 183–191. https://doi.org/10.1002/j.1556-6676.2015.00194.x

5　Kerr, B. A., & Cohn, S. J. (2001). *Smart boys: Talent, masculinity, and the search for meaning*. Gifted Psychology Press.

6　Davis, J. L. (2010). *Bright, talented, & black: A guide for families of black gifted learners*. Gifted Unlimited.

7　Kanevsky, L. (2011). Deferential differentiation. *Gifted Child Quarterly*, *55*(4), 279–299. https://doi.org/10.1177/0016986211422098

8　Kohn, A. (2018). *Punished by rewards: The trouble with gold stars, incentive plans, A's, praise, and other bribes*. Houghton Mifflin Company.

第六章

1　Afifi, T., Mota, N., Dasiewicz, P., MacMillan, H., & Sareen, J. (2012). Physical punishment and mental disorders: Results from a nationally representative us sample. *Pediatrics*, *130*(2). https://doi.org/10.1542/peds.2011-2947d

2　Betts, G. T., & Kercher, J. (1999). *Autonomous learner model: Optimizing potential*. Greeley, CO: Alps.

3　Rimm, S. B., & Lowe, B. (1998, Fall II). Family environments of underachieving gifted students. *Gifted Child Quarterly, 32(4)*, 353–359.

4　改编自 Rimm, S. B. (1996). *Dr. Sylvia Rimm's smart parenting*. New York: Crown。

5   Cornell, D. (1983). Gifted children: The impact of positive labeling on the family system. *American Journal of Orthopsychiatry, 53*, 322–335.

Dweck, C. S. (2007) Mindset: *The New Psychology of Success*. Ballantine Books.

Rimm, S. B. (2007). *Keys to parenting the gifted child* (3rd ed.). Great Potential Press.

第七章

1   Neihart, M., Pfeiffer, S. I., & Cross, T. L. (2016). *The social and emotional development of gifted children what do we know?* Prufrock Press Inc.

2   Shaunessy-Dedrick, E., Foley-Nicpon, M., & Rinn, A. N. (2018). Social and emotional considerations for gifted students. In *APA handbook of giftedness and talent* (pp. 453–464). essay, American Psychological Association.

3   Hoge, R. D., & Renzulli, J. S. (1991). *Self-concept and the gifted child*. Storrs, CT: National Research Center on the Gifted and Talented; 相关概述，参见Rinn, A. N. (2020). The social, emotional, and psychosocial development of gifted and talented individuals. Routledge。

4   Neihart, M., Reis, S. M., Robinson, N. M., & Moon, S. M. (Eds.). (2002). *The social and emotional development of gifted children: What do we know?* Waco, TX: Prufrock Press.

Reynolds, C. R., & Bradley, M. (1983). Emotional stability of intellectually superior children versus nongifted peers as estimated by chronic anxiety levels. *School Psychology Review, 12*, 190–194.

Scholwinski, E., & Reynolds, C. M. (1985). Dimensions of anxiety among high IQ children. *Gifted Child Quarterly, 29(3)*, 125–130.

5   Neihart, M. (1999). The impact of giftedness on psychological wellbeing: What does the empirical literature say? *Roeper Review, 22(1)*, 10–17.

6   Hollingworth, L. S. (1975). *Children above 180 IQ*. Page 13. New York: Arno Press. (Original work published 1942)

7   Baum, S. M., & Owen, S. V. (2004). *To be gifted and learning disabled*. Mansfield Center, CT: Creative Learning Press.

8   Schultz, R. A. (2018). Recognizing the Outliers: Behaviors and Tendencies of the Profoundly Gifted Learner in Mixed-Ability Classrooms. *Roeper Review, 40*(3), 191–196. https://doi.org/10.1080/02783193.2018.1469068

9　Schuler, P. (2002). Perfectionism in gifted children and adults. In M. Neihart, S. Ries, N. Robinson, & S. Moon (Eds.), *The social and emotional development of gifted children: What do we know?* (pp. 71–79). Waco, TX: Prufrock Press 令人信服地描述了健康的完美主义和不健康的完美主义之间的区别。

10　Neihart, M. (2006)在Montana AGATE conference 上使用了这一类比。

11　Adelson, J., & Wilson, H. (2021). *Letting go of perfect: Empower children to overcome perfectionism. Prufrock Press.*

12　Hewitt, P. L., & Flett, G. L. (1991). Perfectionism in the self and social contexts: Conceptualization, assessment, and association with psychopathology. *Journal of Personality and Social Psychology, 60(3), 456–470.* https://doi.org/10.1037/0022-3514.60.3.456

13　20世纪50年代，心理学家阿尔伯特·艾利斯（Albert Ellis）发展了"理性情绪疗法"（Rational-Emotive Therapy）。其中，他认为"自我对话"的概念是错误思维的关键，将导致焦虑。他的理论见于Ellis, A., & Harper, R. A. (1979). *A new guide to rational living* (3rd ed.). Los Angeles: Wilshire。

14　Whitney, C. S., & Hirsch, G. (2007). *Motivating the gifted child.* Scottsdale, AZ: Great Potential Press.

15　Adapted from Delisle, J. R. (1992). *Guiding the social and emotional development of gifted youth: A practical guide for educators and counselors.* New York: Longman. and Ellis, A., & Harper, R. A. (1979). *A new guide to rational living* (3rd ed.). Los Angeles: Wilshire.

16　Sharp, J. E., Niemiec, R. M., & Lawrence, C. (2016). Using Mindfulness-Based Strengths Practices with gifted populations. *Gifted Education International, 33(2), 131–144.* https://doi.org/10.1177/0261429416641009

17　Steadman, J. L., & Feeney, M. E. (2018). *Playing with biofeedback: A practical, playful approach to using biofeedback in pediatric health.* In L. C. Rubin (Ed.), *Handbook of medical play therapy and child life: Interventions in clinical and medical settings* (p. 329–350). Routledge/Taylor & Francis Group.

第八章

1　U.S. Department of Health and Human Services. (n.d.). *Major depression.* National Institute of Mental Health. Retrieved August 2, 2022, from https://www.nimh.nih.gov/health/statistics/major-depression

2   Cross, T. L., & Cross, J. R. (2018). *Suicide among gifted children and adolescents: Understanding the suicidal mind*. Routledge, Taylor et Francis Group.

3   Selph, S. S., & Montgomery, M. S. (2019). Depression in Children and Adolescents: Evaluation and Treatment. *American Family Physician*, *100*(10), 609–617.

4   Pawlowska, D. K., Westerman, J. W., Bergman, S. M., & Huelsman, T. J. (2014). Student personality, classroom environment, and student outcomes: A person-environment fit analysis. *Learning and Individual Differences*, *36*, 180–193. https://doi.org/10.1016/j.lindif.2014.10.005

5   Mueller, C. E., & Winsor, D. L. (2018). Depression, suicide, and giftedness: Disentangling risk factors, protective factors, and implications for optimal growth. *Handbook of Giftedness in Children*, 255–284. https://doi.org/10.1007/978-3-319-77004-8_15

6   Johnson, J., Panagioti, M., Bass, J., Ramsey, L., & Harrison, R. (2017). Resilience to emotional distress in response to failure, error or mistakes: A systematic review. *Clinical Psychology Review*, *52*, 19–42. https://doi.org/10.1016/j.cpr.2016.11.007

7   Leigh-Hunt, N., Bagguley, D., Bash, K., Turner, V., Turnbull, S., Valtorta, N., & Caan, W. (2017). An overview of systematic reviews on the public health consequences of social isolation and loneliness. *Public Health*, *152*, 157–171. https://doi.org/10.1016/j.puhe.2017.07.035

8   Pfeiffer, S. I., Shaunessy-Dedrick, E., Megan, F.-N., Niehart, M., & Yeo, L. S. (2018). Psychological issues unique to the gifted student. In *APA handbook of giftedness and talent* (pp. 497–510). essay, American Psychological Association.

9   Koutsimani, P., Montgomery, A., & Georganta, K. (2019). The relationship between burnout, depression, and anxiety: A systematic review and meta-analysis. *Frontiers in Psychology*, *10*. https://doi.org/10.3389/fpsyg.2019.00284

10   Delisle, J. R. (2006). *Parenting gifted kids: Tips for raising happy and successful children*. Page 88. Waco, TX: Prufrock Press.

11   Delisle, J. R. (2006). *Parenting gifted kids: Tips for raising happy and successful children*. Page 124. Waco, TX: Prufrock Press.

12   Berman, S. L., Weems, C. F., & Stickle, T. R. (2006). Existential anxiety in adolescents: Prevalence, structure, association with psychological symptoms and identity development. *Journal of Youth and Adolescence*, *35*(3), 285–292. https://doi.org/10.1007/s10964-006-

9032-y

13　Vötter, B., & Schnell, T. (2019). Cross-lagged analyses between life meaning, self-compassion, and subjective well-being among gifted adults. *Mindfulness, 10*(7), 1294–1303. https://doi.org/10.1007/s12671-018-1078-x

14　American Psychiatric Association Publishing. (2022). *Diagnostic and statistical manual of mental disorders: DSM-5-TR.*

15　Swannell, S. V., Martin, G. E., Page, A., Hasking, P., & St John, N. J. (2014). Prevalence of nonsuicidal self-injury in nonclinical samples: Systematic Review, meta-analysis and meta-regression. *Suicide and Life-Threatening Behavior, 44*(3), 273–303. https://doi.org/10.1111/sltb.12070

16　Aacap. (n.d.). *Suicide in Children and Teens.* Suicide in children and teens. Retrieved August 2, 2022, from https://www.aacap.org/AACAP/Families_and_Youth/Facts_for_Families/FFF-Guide/Teen-Suicide-010.aspx

17　Delisle, J. R. (1986). Death with honors: Suicide among gifted adolescents. Page 560. *Journal of Counseling and Development, 64*, 558–560.

18　这些原则改编自 Hayes, M. L., & Sloat, R. S. (1990). Suicide and the gifted adolescent. *Journal for the Education of the Gifted, 13*(3), 229–244。

第九章

1　Gladden, R. M., Vivolo-Kantor, A. M., Hamburger, M. E., & Lumpkin, C. D. (2014). Bullying surveillance among youths: Uniform definitions for public health and recommended data elements. *National Center for Injury Prevention and Control, Centers for Disease Control and Prevention, and U.S. Department of Education.*

2　Shaunessy-Dedrick, E., Foley-Nicpon, M., Espelage, D. L., & King, M. T. (2018). In *APA handbook of giftedness and talent* (pp. 659–669). American Psychological Association.

3　Pfeiffer, S. I. (2013). *Serving the gifted evidence-based clinical and psychoeducational practice.* Routledge.

4　Peterson, J.S. (2015). Gifted children and bullying. In M Neihart, S. I. Pfeiffer, & T. Cross (Eds.) *The social and emotional development of gifted children: What do we know?* (2nd ed., pp. 131–142). Waco, TX: Prufrock Press.

5　Pfeiffer, S. I., Shaunessy-Dedrick, E., Megan, F.-N., Espelage, D. L., & King, M. T. (2018).

Bullying and the Gifted. In *Apa Handbook of giftedness and talent* (pp. 659–669). essay, American Psychological Association.

6   Peterson, J. S., & Ray, K. E. (2006). Bullying and the Gifted: Victims, Perpetrators, Prevalence, and Effects. *Gifted Child Quarterly, 50(2), 148–168.* https://doi. org/10.1177/001698620605000206

7   Jumper, R. L. (2019). Communicating about bullying: Examining disclosure among gifted students. *Gifted Education International*, *35*(2), 110–120. https://doi. org/10.1177/0261429418824113

第十章

1   Faber, A., & Mazlish, E. (1988). *Siblings without rivalry: How to help your children live together so you can live, too*. Page 29. New York: Avon Books.

2   Gross, M. U. M. (1993). *Exceptionally gifted children*. London: Routledge.

第十一章

1   Peters, S. J. (2021). The challenges of achieving equity within public school gifted and talented programs. *Gifted Child Quarterly*, 66(2), 82–94. https://doi.org/10.1177/00169862211002535

2   Guilford, J. P. (1967). *The nature of human intelligence*. New York: McGraw-Hill.

    Torrance, E. P. (1966). *Torrance tests of creative thinking*. Bensenville, IL: Scholastic Testing Service.

3   Torrance, E. P. (1974). *Torrance tests of creative thinking: Grades K-graduate school*. Los Angeles: Western Psychological Services.

4   Sattler（2001）报告，3 岁时的智力测验分数与成年后的智力测验分数的相关系数为.60。

5   Callahan et al. (1995).

6   Sattler, J. M. (2001). *Assessment of children: Cognitive applications* (4th ed.). San Diego, CA: J. M. Sattler 报告，3 岁时的智力测验分数与成年后的智力测验分数的相关系数为.60。

7   这一伦祖利模式采用了类型Ⅰ、类型Ⅱ和类型Ⅲ的活动，这些活动是一名学生根据兴趣和能力水平选择的。更多信息，参见Davis (2006). Davis, G. A. (2006). *Gifted children and gifted education*. Scottsdale, AZ: Great Potential Press。

8   Assouline, S. G., Assouline, S. G., Colangelo, N., & M., G. M. U. (2015). *A nation*

empowered: Evidence trumps the excuses holding back America's brightest students. Connie Belin & Jacqueline N. Blank International Center for Gifted Education and Talent Development, University of Iowa.

9   Assouline, S. G., Colangelo, N., & Van Tassel-Baska, J. (2015). *A Nation Empowered, Volume 1: Evidence Trumps the Excuses Holding Back America's Brightest Students.* Belin Blank.

Colangelo, N., Assouline, S. G., & Gross, M. U. M. (2004). A nation deceived: How schools hold back America's students. *The Templeton National Report on Acceleration* (Vols. 1 & 2). Iowa City, IA: Belin-Blank Center.

Gross, M. U. M., & van Vliet, H. E. (2005). Radical acceleration and early entry to college: A review of the research. *Gifted Child Quarterly, 49(2)*, 154–171.

10   Assouline, S. G., Colangelo, N., Lupowski-Shoplik, A., Lipscomb, J., & Forstadt, L. (2009). *Iowa Acceleration Scale (3rd Edition).* Gifted Unlimited.

关于作者

爱德华·R.阿门德（Edward R. Amend）博士是肯塔基州列克星敦，阿门德集团（The Amend Group）的一名临床心理学家，他专注于超常的、双重特殊的、具有神经多样性的青少年、成年人和他们家庭的社会需求、情感需求和教育需求。阿门德博士撰写了许多关于超常儿童的文章、书籍章节、专栏文章和获奖书籍。他在美国国内外演讲，并为肯塔基州超常教育协会（Kentucky Association for Gifted Education）、全国超常儿童协会、超常儿童情感支持联络会和G-WORD电影顾问委员会服务。爱德华很感激他的妻子海蒂·卡门（Heidi Carman）和两个孩子长久以来的爱和支持，他们陪伴着他走过人生旅程，并一直启发着他。

艾米丽·基彻–莫里斯（Emily Kircher-Morris），持有美国心理咨询师资格证，是神经多样性播客（The Neurodiversity Podcast）的主播，该播客探索神经多样性患者的心理需求、教育需求和社交需求。艾米丽曾任超常教育老师和辅导员，后来，她决定跟随自己的热情，成为一名临床心理健康咨询师，支持超常儿童和双重特殊儿童的情感需求。她目前在密苏里州圣路易斯附近的私人诊所工作。她还编写了几本有关双重特殊儿童发展和教育的书籍。她有三个具有神经多样性的孩子，他们为她的播客和书籍提供了源源不断的内容。

珍妮特·L.戈尔（Janet L. Gore）有着30多年与超常学生及其家庭交流的经验。起初，她是一名教师，后来担任学校的管理者、指导顾问、政策制定者、州主任，同时，她也是一名母亲。她参与编写了两本获奖书籍：《超常儿童家长手册》和《超常儿童祖父母手册》（Grandparents' Guide to Gifted Children）。她在亚利桑那州图森市担任了5年的指定顾问，为当地的超常高中生争取权益，并在亚利桑那州担任了3年的超常教育主任，在那里，她起草了法律，并为全州的超常项目建立了基金会。在任期间，她走遍了整个州，为学校员工提供培训和技术支持，帮助他们满足立法要求。

她曾是亚利桑那州超常协会（Arizona Association for Gifted and Talented）董事会的成员，担任过一年的会议主席。她还担任过副校长，她的学校所在地区的印第安学生比例很高。

她教过初中生、高中生和大学生，曾指导过美国学术十项全能竞赛（Academic Decathlon）和未来问题解决项目（Future Problem Solving programs）。她还教授过超常教育和创造力方面的研究生课程。她毕业于卡尔顿学院（Carleton College），获爱荷华大学（University of Iowa）英语专业硕士、亚利桑那大学教育辅导专业硕士。目前定居于亚利桑那州的图森市。

图书在版编目（CIP）数据

超常儿童家长手册：家长和教育工作者的宝典 /
（美）爱德华·R.阿门德，（美）艾米丽·基彻–莫里斯，
（美）珍妮特·戈尔著；张歆彤译. -- 太原：山西人民
出版社，2024. 12. -- ISBN 978-7-203-13422-0

Ⅰ. G763

中国国家版本馆CIP数据核字第2024987RR3号

著作权合同登记号：图字04-2024-009

超常儿童家长手册：家长和教育工作者的宝典

著　　　者：	（美）爱德华·R.阿门德　（美）艾米丽·基彻–莫里斯　（美）珍妮特·戈尔
译　　　者：	张歆彤
责任编辑：	张小芳
复　　审：	李　鑫
终　　审：	梁晋华
装帧设计：	陆红强
出 版 者：	山西出版传媒集团·山西人民出版社
地　　址：	太原市建设南路21号
邮　　编：	030012
发行营销：	0351-4922220　4955996　4956039　4922127（传真）
天猫官网：	https://sxrmcbs.tmall.com　电话：0351-4922159
E-mail：	sxskcb@163.com　发行部
	sxskcb@126.com　总编室
网　　址：	www.sxskcb.com
经 销 者：	山西出版传媒集团·山西人民出版社
承 印 厂：	环球东方（北京）印务有限公司
开　　本：	710mm×1000mm　1/16
印　　张：	13.25
字　　数：	200千字
版　　次：	2024年12月　第1版
印　　次：	2024年12月　第1次印刷
书　　号：	ISBN 978-7-203-13422-0
定　　价：	59.80元

如有印装质量问题请与本社联系调换